全国交通技工院校汽车运输类专业规划教材

汽车车身碰撞估损

(汽车钣金与涂装专业用)

主编　石　琳
主审　林为群

人民交通出版社

内 容 提 要

本书是全国交通技工院校汽车运输类专业规划教材之一,主要介绍了汽车碰撞和碰撞因素对汽车损坏的影响,车身碰撞变形的类型,车身图的识读和车身测量方法,车身碰撞损伤的检验,车身零部件损伤评估,汽车修理工时费的确定及车辆损失评估报告的撰写等内容。

本书是交通技工院校、中等职业学校的汽车钣金与涂装专业的核心课程教材,也可作为汽车维修技术等级考核及培训用书和相关技术人员的参考用书。

图书在版编目(CIP)数据

汽车车身碰撞估损 / 石琳主编. — 北京:人民交通出版社,2013.5
全国交通技工院校汽车运输类专业规划教材
ISBN 978-7-114-10444-2

Ⅰ.①汽… Ⅱ.①石… Ⅲ.①汽车-车体-碰撞-损坏-评估-技工学校-教材 Ⅳ.①U472.4

中国版本图书馆 CIP 数据核字(2013)第 045529 号

书　　名:	汽车车身碰撞估损
著 作 者:	石　琳
责任编辑:	李　斌
出版发行:	人民交通出版社股份有限公司
地　　址:	(100011)北京市朝阳区安定门外外馆斜街3号
网　　址:	http://www.ccpress.com.cn
销售电话:	(010) 59757973
总 经 销:	人民交通出版社股份有限公司发行部
经　　销:	各地新华书店
印　　刷:	北京市密东印刷有限公司
开　　本:	787×1092　1/16
印　　张:	10.25
字　　数:	230 千
版　　次:	2013年5月　第1版
印　　次:	2021年11月　第3次印刷
书　　号:	ISBN 978-7-114-10444-2
定　　价:	23.00元

(有印刷、装订质量问题的图书由本社负责调换)

交通职业教育教学指导委员会

汽车(技工)专业指导委员会

主 任 委 员：李福来
副主任委员：金伟强　戴　威
委　　　员：王少鹏　王作发　关菲明　孙文平
　　　　　　张吉国　李桂花　束龙友　杨　敏
　　　　　　杨建良　杨桂玲　胡大伟　雷志仁
秘　　　书：张则雷

Foreword 前言

　　教育部关于全面推进素质教育深化中等职业教育教学改革的意见中提出"中等职业教育要全面贯彻党的教育方针,转变教育思想,树立以全面素质为基础、以能力为本位的新观念,培养与社会主义现代化建设要求相适应,德智体美等全面发展,具有综合职业能力,在生产、服务、技术和管理第一线工作的高素质劳动者和中初级专门人才"。根据这一精神,交通职业教育教学指导委员会在专业调研和人才需求分析的基础上,通过与从事汽车运输行业一线行业专家共同分析论证,对汽车运输类专业所涵盖的岗位(群)进行了职业能力和工作任务分析,通过典型工作任务分析→行动领域归纳→学习领域转换等步骤和方法,形成了汽车运输类专业课程体系,于2011年3月,编辑出版了《交通运输类主干专业教学标准与课程标准》(适用于技工教育)。为更好地执行这两个标准,为全国交通运输类技工院校提供适应新的教学要求的教材,交通职业教育教学指导委员会汽车(技工)专业指导委员会于2011年5月启动了汽车运输类主干专业系列规划教材的编写。

　　本系列教材为交通职业教育教学指导委员会汽车(技工)专业指导委员会规划教材,涵盖了汽车运输类的汽车维修、汽车钣金与涂装、汽车装饰与美容、汽车商务四个专业26门专业基础课和专业核心课程,供全国交通运输类技工院校汽车专业教学使用。

　　本系列教材体现了以职业能力为本位,以能力应用为核心,以"必需、够用"为原则;紧密联系生产、教学实际;加强教学针对性,与相应的职业资格标准相互衔接。教材内容适应汽车运输行业对技能型人才的培养要求,具有以下特点:

　　1.教材采用项目、课题的形式编写,以汽车维修企业、汽车4S店实际工作项目为依据设计,通过项目描述、项目要求、学习内容、学习任务(情境)描述、学习目标、资料收集、实训操作、评价与反馈、学习拓展等模块,构建知识和技能模块。

　　2.教材体现职业教育的特点,注重知识的前沿性和全面性,内容的实用性和实践性,能力形成的渐进性和系统性。

　　3.教材反映了汽车工业的新知识、新技术、新工艺和新标准,同时注意新设备、新材料和新方法的介绍,其工艺过程尽可能与当前生产情景一致。

4. 教材体现了汽车专业中级工应知应会的知识技能要求,突出了技能训练和学习能力的培养,符合专业培养目标和职业能力的基本要求,取材合理,难易程度适中,切合中技学生的实际水平。

5. 教材文字简洁,通俗易懂,以图代文,图文并茂,形象直观,形式生动,容易培养学员的学习兴趣,有利于提高学习效果。

本书是根据交通职业教育教学指导委员会交通运输类主干专业教学标准与课程标准"汽车车身碰撞估损"课程标准编写。它是交通技工院校、中等职业学校的汽车钣金与涂装专业核心教材。其功能在于培养汽车钣金与涂装的基本职业能力,达到本专业学生应具备的汽车车身碰撞估损知识要求。本书也可作为汽车维修技术等级考核及培训用书和相关技术人员的参考用书。全书由十一个项目组成,分别介绍了汽车碰撞诊断分析、碰撞因素对汽车损坏的影响、车架式车身碰撞变形的类型、整体式车身碰撞变形的类型、整体式车身的碰撞变形、车身图的识读、机械式车身测量系统、碰撞损伤的检验与测量、主要零部件损伤评估、汽车修理工时费的确定、车辆损失评估报告的撰写。

本书由成都市技师学院(成都交通高级技工学校)石琳担任主编,天津交通职业学院林为群担任主审。项目一、项目二、项目九由石琳编写,项目三、项目四和项目五由成都市技师学院(成都交通高级技工学校)唐勇编写,项目六、项目七和项目八由成都市技师学院(成都交通高级技工学校)寻显阔编写,项目十和项目十一由成都市技师学院(成都交通高级技工学校)田梅编写。本书在编写过程中,得到了部分汽车修理厂家和汽车4S的支持,在此表示感谢。

由于编者经历和水平有限,教材内容难以覆盖全国各地的实际情况,希望各地教学单位在积极选用和推广本教材的同时,总结经验及时提出修改意见和建议,以便再版时进行修订改正。

交通职业教育教学指导委员会
汽车(技工)专业指导委员会
2013年2月

Contents 目录

项目一 汽车碰撞诊断分析	1
课题一 汽车碰撞	1
课题二 汽车车身碰撞保护措施	5
课题三 汽车车身碰撞损伤判定	14
课题四 汽车碰撞损伤诊断分析	17
项目二 碰撞因素对汽车损坏的影响	**21**
课题一 常见汽车行驶方向对碰撞损坏的影响	21
课题二 碰撞位置高低对碰撞损坏的影响	26
课题三 碰撞物面积不同对碰撞损坏的影响	29
课题四 碰撞因素对汽车损坏的影响案例	31
项目三 车架式车身碰撞变形的类型	**36**
课题一 车架式车身	36
课题二 车架式车身碰撞变形的类型	39
项目四 整体式车身碰撞变形的类型	**43**
课题一 整体式车身	43
课题二 整体式车身碰撞变形的类型	48
项目五 整体式车身的碰撞变形	**53**
项目六 汽车车身图的识读	**59**
课题一 车身测量基准	59
课题二 车身图的识读	64
项目七 机械式车身测量系统	**72**
课题一 常规车身测量工具与测量方法	72
课题二 量规测量系统	78
课题三 坐标式测量系统	84
项目八 碰撞损伤的检验与测量	**87**
课题一 碰撞损伤分区	87
课题二 碰撞损伤的检验与测量	88
项目九 主要零部件损伤评估	**106**
课题一 车身板件损伤评估	106

  课题二 机械、电器主要零部件损伤评估 ………………………… 120
项目十 汽车修理工时的确定 …………………………………………… 126
  课题一 汽车碰撞损伤修理与更换 …………………………………… 126
  课题二 人工估算汽车修复作业工时 ……………………………… 131
  课题三 计算机估损软件简介 ……………………………………… 140
项目十一 车辆损失评估报告的撰写 ……………………………………… 144
  课题一 车损评估报告格式 ………………………………………… 144
  课题二 车辆损失评估报告(表)的填写 ………………………… 148
参考文献 …………………………………………………………………………… 155

项目一　汽车碰撞诊断分析

 学习目标

完成本项目学习后,你应能:
1. 叙述汽车碰撞类型;
2. 知道汽车碰撞测试要求和汽车车身结构特点;
3. 知道汽车车身碰撞损伤类型;
4. 知道汽车碰撞损伤诊断流程。

建议课时:10课时。

随着我国经济的高速发展,汽车已经进入家庭,为人们的工作、生活带来方便和舒适。随着汽车保有量的增加,汽车因碰撞出现的交通事故也随之增加。本项目着重介绍了汽车碰撞、汽车碰撞修复评估、汽车车身的碰撞保护措施、汽车车身碰撞损伤判定、汽车碰撞诊断流程和汽车碰撞诊断步骤等基本知识,为后面项目学习做好准备。

课题一　汽　车　碰　撞

一、汽车碰撞概述

1. 汽车碰撞

汽车碰撞是指汽车与汽车或汽车与其他物体之间发生极短的相互作用,且造成车辆破损、被撞物损坏甚至人员伤亡的现象。人们常将汽车的碰撞称为"一次碰撞",而将人体与车内部件的碰撞称为"二次碰撞"。"二次碰撞"是由于"一次碰撞"导致人体与汽车急速减的相对运动造成的。

"碰撞"在物理学中表现为两粒子或物体间极短的相互作用。碰撞前后参与物发生速度、动量或能量改变。由能量转移的方式区分为弹性碰撞和非弹性碰撞。弹性碰撞是碰撞前后整个系统的动能不变的碰撞。非弹性碰撞是碰撞后整个系统的部分动能转换成碰撞物的内能。汽车碰撞一般分为正面碰撞(图1-1)和侧面碰撞(图1-2)。

汽车车身碰撞易造成板件、车身结构的损伤。轻微碰撞会影响车容美观;一般碰撞会造成构件强度下降,使用寿命缩短;严重碰撞影响整部车辆的使用性能,甚至使车辆报废。

2. 汽车碰撞特点

(1)发生碰撞的两辆汽车相互交换运动能量。

图1-1　汽车正面碰撞

图1-2　汽车侧面碰撞

（2）发生碰撞的两辆汽车相互排斥并产生一定的弹性变形。

（3）发生碰撞的两辆汽车相互挤压，并通过车身塑性变形来消耗绝大部分运动能量。

（4）发生碰撞的两辆汽车在进行运动能量交换的同时，不仅存在平移运动，可能还伴随有旋转、扭转运动。

（5）发生碰撞的两辆汽车，乘车人在惯性作用下与车辆之间会产生相对运动，发生二次碰撞，即乘车人受伤。

（6）碰撞发生在0.1~0.2s极短的瞬间内。

碰撞中未消耗掉的能量则通过碰撞后车辆和乘车人的运动，以其他能量的形式消耗掉。碰撞后的运动时间通常为数秒，整个碰撞过程几乎是人无法左右的纯物理现象。碰撞和碰撞后的运动结果造成汽车损坏、驾乘人员受伤、路面痕迹、车身受损、路面上的散落物等。

汽车碰撞估损就是根据这一事故的结果，即车辆的损坏和乘车人的伤害程度、路面痕迹，同时参考目击者的证言，对照汽车运动特性、结构特点等准确地再现碰撞现象，推断汽车碰撞前的车辆运动状态与乘车人的动作，正确地评估汽车碰撞后的损失。

3. 汽车碰撞受力分析

汽车碰撞后的损伤状况是非常复杂的，引起损伤的最根本原因是受力。只要对汽车在发生碰撞时的受力情况进行科学、正确的分析，才能准确地把握汽车的损伤形式和部位。这一点不但对车辆损伤的判断具有重要的意义，对今后的修复工作同样具有指导性的意义。汽车碰撞受力归纳起来主要有以下几个方面。

1）碰撞力

碰撞力是决定汽车损伤程度的主要因素。汽车着力点的位置，也对车身损伤起决定性的作用。在其他条件等同时，如果车身以平面与另一个平面物体相撞，那么此时车身受到的损伤将比车身以较小的端面与另一个非平面物体相撞时的损伤为小。如果汽车斜角碰撞，即车身一斜角与另一辆汽车一斜角相撞，那么两个车身受到的损伤要大得多，如图1-3所示。

项目一 汽车碰撞诊断分析

图1-3 汽车斜角碰撞

如果两辆车正面相撞,撞击力以均布载荷的形式作用于车身,总体作用力虽然很大,但由平面均匀分配后对车身的影响减小很多,虽然其总体作用力与车辆相同,但由于单位面积受力小,所以引起的汽车损伤要小得多。与此相反,两辆车斜角相撞,撞击力作用于两车身的斜角,由于单位面积受力很大,所以引起的汽车损伤要大得多。

碰撞力的大小除与车辆所具备的动能有关外,还与碰撞持续时间、被碰撞物体的总质量和速度、发生碰撞后车辆的运动状态以及两相撞物体吸收动能的能力等因素有关。汽车质量越大,行驶的速度越高,积聚的运动能量也越大,汽车损失就越大。

2) 惯性力

惯性力是造成汽车损伤程度的又一主要因素。惯性力造成的汽车损伤主要表现在两个方面:一方面是汽车车身上安装的总成部件质量较重、乘客、载货等,在发生碰撞时因惯性对汽车造成冲击而损坏;另一方面是汽车车身本身由于惯性力作用而发生汽车车身弯曲、翘曲等变形。

当汽车碰撞发生时,汽车的速度很快下降,而汽车的惯性仍然前冲,巨大的惯性力会对汽车各个部位造成位移和损坏,影响到整体汽车结构,给汽车带来较大的损伤,如图1-4所示。

3) 下砸力

下砸力多来自于车辆与非固定物体的碰撞。车辆与一个非固定物体相撞时,如果被碰撞物体质量较小,而车辆碰撞点位于该物体的质心下方。此时,被撞物体在惯性作用下会向车辆翻倒并有可能滚到车身的整个上部,对车身的整个上部非直接撞击部位造成砸伤。如果车辆与一较高的非固定物体相撞,车辆前部承受直接撞击,发动机罩在承受撞击力时已经发生较大的变形,造成汽车车身前部损坏,如图1-5所示。

图1-4 汽车碰撞惯性力

图1-5 汽车碰撞下砸力

在汽车各种碰撞类型中,载货汽车的碰撞类型同样与轿车类似,如图1-6所示。我国载货汽车以平头车为主,追尾、正面碰撞事故死亡率高。主要原因是平头货车驾驶室碰撞后容易严重变形,对驾乘人员保护程度弱,致使驾乘人员容易受到致命伤害。目前,我国制定了适用于M类车辆的强制性标准《汽车正面碰撞乘员保护》,规定了正面碰撞时车辆驾驶室必须具备防碰撞和吸能式结构,以有效保护驾驶人及乘员,并要求平头车必须安装前下部防护装置,以有效保护行人。

图1-6 载货汽车碰撞

二、汽车碰撞测试

汽车碰撞测试是对车上驾驶人和乘客的安全做的碰撞试验,我国汽车碰撞测试于2005年正式启动。汽车碰撞测试具体内容包括两个方面,即汽车正面和侧面碰撞。汽车正面碰撞测试速度为64 km/h,侧面碰撞测试速度为50 km/h。碰撞测试成绩则由星级(★)表示,共有五个星级,星级越高,表示该车的碰撞安全性能越好。

1. 汽车正面碰撞

汽车正面碰撞试验如图1-7所示。汽车以64km/h的行驶速度与前面的障碍物接近。汽车正面与障碍物碰撞试验,如图1-8所示。

图1-7 汽车正面碰撞试验　　　　　图1-8 汽车正面与障碍物碰撞试验

汽车正面碰撞试验是对车上的驾驶人和乘客安全性的试验,主要是检验车辆车架和车辆主动、被动安全系统装备在汽车正面碰撞时对驾驶人和乘客的保护能力。正面碰撞试验以假人模仿驾驶人和乘客,最终的安全星级是由分布在假人身上的各个传感器传出的相应参数来评定。

2. 汽车侧面碰撞

汽车侧面碰撞试验如图1-9所示。侧面碰撞试验是汽车以50km/h的行驶速度下进行的,是对车上驾驶人和乘客的安全性的碰撞试验,主要是检验车架刚度和侧面被动安全系统装备对驾驶人和乘客的保护能力。侧面碰撞试验以假人模仿驾驶人和乘客,最终的安全星级是由分布在假人身上的各个传感器传出的相应参数来评定。

图1-9 汽车侧面碰撞试验

汽车碰撞测试一般情况是邀请生产企业直接参与,以示公正性,还允许其产品有两次碰撞机会,当厂家获知初次碰撞结果不理想时,会进一步改进产品或安装安全装置,再进行第二次测试,以获得最好的成绩为准。

三、汽车碰撞修复估评

修复汽车碰撞损坏的主要过程通常是：校正车身的弯曲、扭转、偏斜等；板件更换或维修严重损坏的板件、其他机械和电气总成。在按程序修复之前，先要对碰撞损坏的车辆进行全面、细致的损坏评估。当损坏的汽车被送进修复车间时，有关修复的技术资料，如损坏情况评估、修理工艺和工作流程等文件也应一并送到维修人员手中，维修人员在按照这些书面要求工作时，也可能找到一些未被发现或认为对某些损坏评估过低的部件，由此，需要对汽车的损坏情况进行补充诊断和重新评估。

要彻底修复好一辆汽车，就要对其碰撞受损情况作出全面、准确的诊断，把握汽车碰撞受损的严重程度、范围及找出受损部件，依此制定修复计划。有经验的汽车碰撞估损师和维修人员一定会把大量的精力用在损坏评估上，这是为一旦在修复中发现新的损坏情况，修复的方法及工序必将随之改变，这会浪费大量的人力、物力和时间。所以，估损人员和维修人员在汽车损坏诊断检查中，通过目测方式虽然不会遗漏掉明显的损坏，但常会忽略损坏对于其他无关联系统的影响及发生在远离碰撞部位的地方。因此，除用目测方式进行诊断外，还应使用精确的工具及设备来测量评估受损汽车，为后续的汽车修复工作打下良好的基础。

课题二　汽车车身碰撞保护措施

随着汽车车身新技术、新工艺、新材料的开发与研究，汽车车身结构以如何避免或减轻车内人员的伤害为基础进行设计。针对汽车发生碰撞瞬间最易导致乘员伤害这一特点，车身设计时普遍采用多种保护性结构。

按车身壳体刚度分级。对车身壳体刚度分级是针对汽车碰撞时安全性的有效措施。车身壳体刚度分级的概念是：同一车身划分成不等的壳体刚度。以三厢式轿车为例，汽车分为前A、中B、后C段，如图1-10所示。即B段的乘客室尽可能具有最大的刚度，而相对于乘客室的前A、后C段（发动机舱、行李舱），则应具有较大的韧性，如图1-11所示。两处设置为可以吸收冲击能量的安全结构。

图1-10　汽车前A、中B、后C段

图1-11　汽车前、后段吸能

当汽车发生正面碰撞或追尾等事故时，所产生的冲击能量可以在车身前部（A段）或后部（C段）得以迅速吸收，车前身或车后身局部变形，而保证乘客室（B段）有足够的活动范围与安全空间。为了更好理解汽车车身碰撞时的保护措施，下面对汽车车身分类、汽车车身壳体分类、汽车碰撞事故损伤类型和汽车车身受力进行分析。

一、汽车车身分类

1. 用途分类

汽车车身按用途可分为以下三类。

1）轿车车身

轿车车身分为四门车身、双门车身、活顶车身、两用车身等。

2）客车车身

客车车身分为城市公共汽车车身、长途客车车身、旅游客车车身等。城市公交汽车车身底板离地高度比较低，车门较大或较多。长途客车车身一般只有一扇门，底板离地高度一般在1m以上；另有一类远距离长途客车采用卧铺车身。旅游客车车身与长途客车车身没有本质上的差别，但其外观往往更豪华和讲究，更注意乘客的舒适性。

3）货车车身

货车车身通常包括驾驶室和货箱两部分。而货箱往往可以分为传统式货箱、封闭式货箱、自卸式货箱、专用车货箱以及特种车货箱等。

2. 汽车壳体结构分类

汽车车身按壳体结构可分为以下三类。

1）骨架式

骨架式车身结构具有完整的骨架，车身蒙皮固定在已装配好的骨架上。

2）半骨架式

半骨架式车身只有部分骨架（单独支柱、拱形梁、加固件等），它们彼此直接相连或借助蒙皮相连。

3）无骨架式

无骨架式车身没有骨架，而是各蒙皮连接时所形成的加强筋来代替骨架。客车及较大型车厢多采用骨架式，轿车或货车驾驶室广泛采用无骨架式。

3. 汽车碰撞事故损伤类型

汽车碰撞事故损伤分为以下两种类型：

（1）直接损伤。直接损伤是指车辆直接碰撞部位出现的损伤。直接碰撞点为车辆左前方，推压前保险杠、车辆左前翼子板、散热器护栅、发动机罩、左车灯等导致其变形，称为直接损伤，如图1-12所示。

（2）间接损伤。间接损伤是指二次损伤，并离碰撞点有一段距离的损伤。是因碰撞力传递而导致的变形，如车架横梁、行李舱底板、护板和车轮外壳等，因弯曲变形和各种钣金件的扭曲变形而损伤。

汽车因直接损伤和间接损伤出现汽车碰撞损伤有如下四种类型：

①侧弯损坏。汽车前部、汽车中部或汽车后部在冲击力的作用下，偏离原来的行驶方向发生的碰撞损坏称为侧弯损坏，如图1-13所示。

项目一 汽车碰撞诊断分析

图1-12 汽车直接损伤

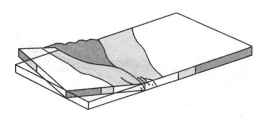

图1-13 侧弯损坏

②凹陷损坏。凹陷是指出现汽车的前罩区域比正常规定低的情况。损坏的车身或车架背部呈现凹陷形状。凹陷一般是由于正面碰撞或追尾碰撞引起的。有可能发生在汽车的一侧或两侧。如图1-14所示。

③折皱或压溃损坏。折皱就是在车架或侧梁上发生微小的弯曲。压溃是一种简单、具有广泛性的折皱损坏，如图1-15所示。

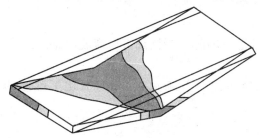

图1-14 凹陷损坏

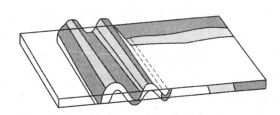

图1-15 折皱或压溃损坏

④扭曲损坏。扭曲即汽车的一角比正常的要高，而另一角要比正常的低。车架的一端垂直向上变形，而另一端垂直向下变形。从一侧观察，看到两侧纵梁在中间处交叉。如图1-16所示。

4.受力分类

按汽车车身受力情况可分为以下三类。

1）非承载式车身

非承载式车身如图1-17所示，是一种具有独立车架的车身。

它的主要特征是，车身下面有足够强度和刚度的独立车架，其中车架是车辆承载、驱动、传动等装置安装的总骨架。而车身则是安装在车架上用于载人或装货的各种厢型构件与覆盖件的总称。车厢通过减振装置与车架连接，车身不直接承受汽车车轮传来的载荷。该种结构的车身大部分载荷几乎全部是由车架所承受，车身壳体不承受或只在很小程度上承受由于底架弯曲或扭曲变形所引起的部分载荷。

非承载式车身的优点：

（1）减振性能好。动力系统的振动和从路面上传来的冲击先传给车架，然后再传给车身，车身和车架连接部分设有减振作用的橡胶垫块，可以较好的吸收来自各方面的冲击与振动。

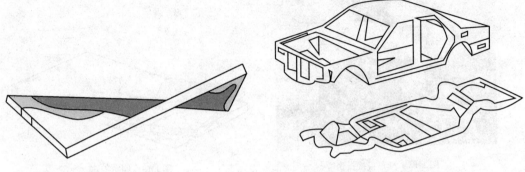

图1-16 扭曲损坏　　　　图1-17 汽车非承载式车身

（2）工艺简单。车架与车身分开制造，发动机和底盘各总成可以先安装在车架上，然后再与车身组装到一起，整车装配具有良好的工艺性。

（3）易于改型。由于以车架作为车身的基础，便于按使用要求对车身进行改装、改型、改造。

（4）安全性好。当汽车发生碰撞事故时，大部分冲击能量由车架吸收，对车身主体能起一定的保护作用。

（5）视野开阔。由于车身承受的载荷小，因此可以细化支柱，加大风窗玻璃面积，改善视野。

（6）维修方便。车身的维修与车架的维修可以分开来进行，相对简化了维修的程度。

非承载式车身的缺点：

（1）整车质量增加。由于车身壳体不参与承载或很少承载，故要求车架应有足够的强度和刚度。车架因此制造得较为宽大，从而导致整车质量增加。

（2）整车高度增加。由于有车架介于车身主体与底板之间，给降低整车高度带来了一定的困难，使上下车方便性受到影响。

（3）技术要求提高，成本增加。制造车架需要一定厚度的钢板，不仅对冲压设备的性能要求高而使投资加大，焊接、检验及质量保证等项工作也随之复杂化了。

由于非承载式车身具有良好的承载性能，其结构刚度也很大，所以被普遍应用于大中型客车、载货汽车及一些大型的高级轿车上。

2）半承载式车身

为了减小车身质量、降低整车高度并使车身整体刚度得到加强，有些车辆在设计制造中，也让车身参与部分承载，这就形成了半承载式车身。半承载式车身仍保留有车架，发动机总成、底盘悬架等也装载车架上。与非承载式车身不同的是，车身主体的悬架就是车架本身，壳体底部直接与装配在车架纵梁上的悬臂梁成刚性连接，铆接或焊接在一起的蒙皮与骨架将车架及悬臂梁一起承载。车架及悬臂梁的弯曲和扭转变形作用在车身壳体上后便形成了剪切力，这主要由车身蒙皮来承担。半承载式车身强度有所提高，而车架的刚度则相应减弱。整车高度和车身自身质量都有所降低，较好的克服了上述非承载式车身存在的缺点。

3）承载式车身

承载式车身没有独立的车架，它是一种将车架与车身合二为一的整体箱式结构。由于没有独立的车架，使车身全都参与承载，所以称为"承载式车身"。承载式车身十分有利于减小自身质量，并使车身结构合理化。目前，由于生产技术的不断发展，在隔声、防振、轻量化、安全性等方面的技术进步，使承载式车身已成为现代轿车车身结构的主流，如图1-18所示。

承载式车身虽然没有独立的车架，但由于车身主体有类似车架功能的车身底板，采用组焊等方式制成整体刚性框架，使整个车身（底板、骨架、内外蒙皮、车顶等）都参与承载。这样，扩散的承载力会分别作用于车身的其他构件上，车身整体刚度和强度同样能够得到保证。当车身整体或局部承受适度载荷时，壳体不易发生永久性变形。而且这个由构件组成的刚性壳体，在承受载荷时以作用力与反作用力平衡法则，"以强济弱"地自

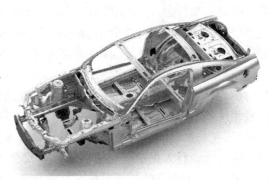

图1-18 承载式车身

动调节，使整个壳体在极限载荷内始终处于稳定平衡状态。这如同手握力并不能使蛋破碎那样，所施的压力被蛋壳整体结构有效地化解了。这种承载式车身结构框架，在力学上称之为"应力壳体"的框架。

承载式车身有许多不可比拟的优越性，主要体现在：

（1）质量小。由于承载式车身是由许多薄钢板冲压成形的构件组焊成一体的，车架质量大大减小，并增大了车身的扭转和弯曲刚性。因而具有质量小、刚性好、抗弯扭转能力强等优点。

（2）生产工艺性好。承载式车身适合现代化大生产，它不像制作车架那样非使用厚钢板冲压、焊接不可，而使用容易成形的薄钢板冲压。并且点焊工艺和多工位自动焊接等自动化生产方式的采用，使车身焊后的整体变形小而且生产效率高，质量保障性好。

（3）结构紧凑。由于承载式车身不使用独立的车架，使得汽车整体高度、质心高度、承载面高度都能降低，室内空间也相应增大。其中质心高度对汽车行驶稳定性的影响起着决定性作用。

（4）安全性好。由于是整体承载式框架，具有均匀承受载荷并加以扩散的能力，车身的刚度分级使之对冲击能量的吸收性好。尽管当汽车发生碰撞事故时的局部变形较大，但对乘员室的影响却相对小得多，使汽车的安全保障性得到改善与提高。

承载式车身存在着一定的缺点：

（1）底盘部件与车身结合部在汽车运动载荷的冲击下，极容易发生疲劳损伤，悬架及动力系统的振动与噪声容易直接传到乘客室，使乘客室内的噪声增加。

（2）下部车身为薄钢板组焊而成，受地面的影响容易腐蚀，使强度下降。

（3）撞车后的维修比较困难。为了加固乘客室整体框架结构的刚度，在车身设计制造中采取了很多有效的措施。有的在车门上安装了车门加强梁，前、后保险杠。一旦轿车发

生纵向碰撞时,不仅能有效地保护车身,减轻汽车的破坏程度,而且还有利于减轻被撞人或物体的伤害程度;保险杠与其他外装件相配合,起到美化装饰作用。但由于关联程度高,发生碰撞后受损件会增加,使维修更困难。

二、汽车车身碰撞保护措施

汽车碰撞保护措施中,车身设计是起到重要作用的,也是决定汽车安全的一大重要因素。纵观汽车行业,每个品牌的车身设计都有不同之处,但相同之处都是将安全因素放在首要地位,其次才是节能、舒适、耐用。简单地说在汽车遇到撞击时可以通过多途径快速分散撞击的能量,最大限度保证乘客安全。所以汽车车身的安全性是汽车生产者和使用者的中心问题。面对日渐严峻的交通安全问题,欧洲联盟在开展车辆驾驶和乘员碰撞保护方面的技术法规制定和实施的同时,也开始考虑在碰撞中保护行人(包括骑自行车者)的技术法规工作。因为在行人与车辆发生碰撞时,行人处于弱势,而且行人往往在与车辆碰撞后,又与坚硬的水泥路面或其他障碍物发生二次碰撞,因此在这种碰撞中,行人受到的伤害极大。行人保护研究是目前汽车安全技术发展的前沿领域,特别对我国这样一个交通密集、行人众多的国家更具有重要意义,而我国在这方面的研究还处于起步阶段。我们在汽车车身上采取了以下的安全性对策。

1. 主动性安全

主动性安全是指预防交通事故,减少发生交通事故的可能性。首先,尽可能地改善驾驶视野,如前窗采用尺寸宽大的全景玻璃,在保证强度、刚度的前提下,尽量使窗柱细小,为减少驾驶视角障碍,应使视区内突出部分小并增加前车身的斜度等。对于那些能够改善视野的构件,如刮水器、玻璃除霜和吹风系统、后视镜和遮阳板等的效能,同样也有预防发生事故的作用。而驾驶座门各构件的质量和合理布置,也是一个重要的预防汽车碰撞发生的因素。设计良好的座椅既便于驾驶操作,又可减轻疲劳。各种开关、手柄、指示器等相对于座椅的位置都应满足人体工程学的需要,乘坐舒适性好,使用性高,可以为驾驶人提供高质量的工作环境。前照灯、转向灯、制动灯的设置是否合理,也是影响汽车安全性的因素。

知识链接:

汽车主动安全设备

1)防抱死制动系统(ABS)

世界上最早的ABS是首先在飞机上应用的,后来又成为高级轿车的标准配备,现在则大多数轿车都装有ABS。众所周知,前轮抱死引起汽车失去转弯能力,后轮抱死容易发生甩尾事故等。安装ABS就是为解决制动时车轮抱死这个问题。装有ABS的汽车,能有效控制车轮保持在转动状态而不会抱死不转,从而大大提高了制动时汽车的稳定性及较差路面条件下的汽车制动性能。ABS是通过安装在各车轮或传动轴上的转速传感器等不断检测各车轮的转速,由计算机计算出当时的车轮滑移率(由滑移率来了解汽车车轮是否已抱死),并与理想的滑移率相比较,作出增大或减小制动器制动压力的决定,命令执行机构及时调整制动压力,以保持车轮处于理想的制动状态。因此,ABS装置能够使车轮始终维持在有滑移的滚动状态下制动,而不会抱死车轮,达到提高制动效能的目的。

2) 电子制动力分配系统(EBD)

EBD能够在汽车制动时自动调节前、后轴的制动力分配比例,提高制动效能,并配合ABS提高制动稳定性。汽车在制动时,四个轮胎附着的地面条件往往不一样。比如,有时左前轮和右后轮附着在干燥的水泥地面上,而右前轮和左后轮却附着在水中或泥水中,这种情况会导致在汽车制动时四个轮子与地面的摩擦力不一样,制动时容易造成打滑、倾斜和车辆侧翻事故。EBD用高速计算机在汽车制动的瞬间,分别对四个轮胎附着的不同地面进行感应、计算,得出不同的摩擦力数值,使四个轮胎的制动装置根据不同的情况用不同的方式和制动力制动,并在运动中不断高速调整,从而保证车辆的平稳、安全。

3) 电子稳定装置(ESP)

电子稳定装置(简称ESP)是由奔驰汽车公司首先应用在它的A级车上的。ESP不但控制驱动轮,而且可控制从动轮。如后轮驱动汽车常出现的转向过多情况,此时后轮失控而甩尾,ESP便会自动调整前轮来稳定汽车;在转向过少时,为了校正循迹方向,ESP则会自动调整后轮,从而校正行驶方向。

4) 智能空调

智能空调系统能根据外界气候条件,按照预先设定的指标对安装在车内的温度、湿度、空气清洁度传感器所传来的信号进行分析、判断,及时自动打开制冷、加热、去湿及空气净化等功能。在先进的安全汽车中,其空调系统还与其他系统(如驾驶人打瞌睡警报系统)相结合,当发现驾驶人精神不集中、有打瞌睡迹象时,空调能自动散发出使人清醒的香气。

5) 高位制动灯

一般的制动灯是装在车尾两边,当驾驶人踩下制动踏板时,制动灯即亮起,并发出红色光,提醒后面的车辆注意,不要追尾。当驾驶人松开制动踏板时制动灯即熄灭。高位制动灯也称为第三制动灯,它一般装在车尾上部,以便后方车辆能及早发现前方车辆而实施制动,防止发生汽车追尾事故。由于汽车已有左右两个制动灯,因此人们习惯上也把装在车尾上部的高位制动灯称为第三制动灯。

6) 雨量传感器

雨量传感器暗藏在前风窗玻璃后面,它能根据落在玻璃上雨水量的大小来调整刮水器的动作,因而大大减少了开车人的烦恼。雨量传感器不是以几个有限的挡位来变换刮水器的动作速度,而是对刮水器的动作速度做无级调节。它有一个被称为LED的发光二极管负责发送远红外线,当玻璃表面干燥时,光线几乎100%地被反射回来,这样光电二极管就能接收到很多的反射光线。玻璃上的雨水越多,反射回来的光线就越少,其结果是刮水器动作越快。

2. 被动安全

被动安全是指在一旦发生交通事故时,如何避免或减轻车内人员伤害程度的措施。汽车安全气囊就在这个基础上产生的,作为车身被动安全辅助配置,日渐受到人们的重视。当汽车与障碍物碰撞后,称为一次碰撞。乘员与车内构件发生碰撞,称为二次碰撞。

汽车的安全气囊在一次碰撞后、二次碰撞前迅速打开一个充满气体的气垫,使乘员因惯性而移动时扑在气垫上,从而缓和乘员受到的冲击并吸收碰撞能量,减轻乘员的伤害程度。

针对汽车发生碰撞事故瞬间导致乘员伤害这一特点,汽车车身设计上普遍采用保护性措施,也就是被动安全设计。在设计车身时,着重加固乘客舱部分的刚度,削弱汽车头部和尾部刚度。当汽车碰撞时,头部或尾部被压扁变形并同时吸收碰撞能量,而乘客舱不产生变形以便保证乘员安全。

知识连接:

汽车被动安全设备

1)智能安全气囊

智能安全气囊是在普通型的基础上增加传感器,以探测出座椅上的乘员是儿童还是成年人,他们系好的安全带以及所处的位置是怎样的高度,通过采集这些数据,由电子计算机软件分析和处理控制安全气囊的膨胀,使其发挥最佳作用,避免安全气囊出现无必要的膨胀,从而极大地提高其安全作用,如图1-19所示。

2)乘员头颈保护系统

乘员头颈保护系统一般设置于前排座椅。当轿车受到后部的撞击时,头颈保护系统会迅速充气膨胀起来,其整个靠背都会随乘坐者一起后倾,乘坐者的整个背部和靠背安稳地贴近在一起,靠背则会后倾以最大限度地降低头部向前甩的力,座椅的椅背和头枕会向后水平移动,使身体的上部和头部得到轻柔、均衡地支撑与保护,以减轻脊椎以及颈部所承受的冲击力,并防止头部向后甩所带来的伤害。

图1-19 智能安全气囊

3)安全玻璃

安全玻璃有两种,即钢化玻璃与夹层玻璃。钢化玻璃是在玻璃处于炽热状态下使之迅速冷却而产生预应力的强度较高的玻璃,钢化玻璃破碎时分裂成许多无锐边的小块,不易伤人。夹层玻璃共有三层,中间层韧性强并有黏合作用,被撞击破坏时内层和外层仍黏附在中间层上,不易伤人。汽车用的夹层玻璃,中间层加厚一倍,有较好的安全性而被广泛采用。

4)预紧式安全带

预紧式安全带的特点是当汽车发生碰撞事故的一瞬间,乘员尚未向前移动时它会首先拉紧织带,立即将乘员紧紧地绑在座椅上,然后锁止织带防止乘员身体前倾,有效保护乘员的安全。预紧式安全带中起主要作用的卷收器与普通安全带不同,除了普通卷收器的收放织带功能外,还具有当车速发生急剧变化时,能够在0.1s左右加强对乘员的约束力,因此它还有控制装置和预拉紧装置。

3. 汽车车身壳体刚度保护

汽车车身壳体刚度分级是针对汽车碰撞安全性的有效措施,汽车车身壳体刚度分级的概念是同一车身划分成不等的壳体刚度又最大程度保护乘客和驾驶人。以图 1-20 所示的轿车为例,乘客室尽可能具有最大的刚度,而相对于乘客室的前后(发动机舱和行李舱)对应有较大的韧性,当汽车车身碰撞时,汽车的前后部尽可能吸收冲击能量产生局部变形,保证乘客室不变形,有足够的活动范围与安全空间。为了加固乘客室整体的刚度,在汽车车身设计制造中采取了很多有效的措施,增加车梁和车门的强度,使车门和车身底部刚度加强。

图 1-20　轿车车身壳体

4. 发挥保险杠的作用

为了使保险杠的作用更有效,刚性较强塑料保险杠占据了强有力的地位。这主要是采用了能量吸收性能更好材料的因素。如果采用钢制保险杠,往往也衬以塑料材料为主的减振结构以取得较好的吸收冲击能量的效果。还有一些保险杠加有弹簧、泡沫聚氨酯制成的缓冲器或能吸收能量的油压保险杠,这样在汽车车身碰撞发生时,能更多地承受或吸收引起汽车车身损伤的载荷。

5. 汽车车身碰撞保护措施案例

2010 年 9 月,浙江丽水大梁山隧道内发生了一起严重的交通事故。因避让车道内前进方向停着的大货车,一辆行驶速度为 70km/h 左右的吉利车接连撞上路牙和隧道墙壁,而后翻车滑行,如此激烈的碰撞后,车辆严重损毁,如图 1-21 所示。但令人惊奇的是,车内驾驶人仅仅是手臂表皮被破碎的玻璃划伤,其他地方没有受伤。而碰撞后汽车的车顶、发动机罩摩擦明显,并明显凹陷,左前轮轮毂已明显变形,驾驶人座椅这边的这根支撑柱(即 B 柱)附近严重凹陷进去,但 B 柱却依然挺立,保护了驾驶人。

从图片上看,这辆车遭受了严重的碰撞:多处明显凹陷,前风窗玻璃破碎得厉害。即使这样,座舱只出现轻微的变形,整个乘员舱基本完好,这就是汽车车身保护措施。首先,是采取了承载式笼形车身结构:前后保险杠及其加强梁、整体车身侧围、前后吸能区、车顶和四门防撞钢梁、坚固车顶及车身底部通过焊接成一个球笼形的车身,形成了一个具有较强刚度的框架结构。该设计能够在意外碰撞发生时有效吸收外部撞击能量,并将其均匀分散至车身各部分骨架,将驾驶室的变形降低到最低程度,最大限度地减少对驾乘人员地伤害。

汽车车身侧围采用整块钢板一体冲压成型,增强了车侧的车身刚度,能有效的缓冲来自侧面的撞击,提高车身侧面安全性,同时增强了支撑功能,能承受更大的顶部撞击力,保障驾乘人员的安全。汽车车身无缝焊接是由焊接生产线上的焊接机器人完成,如图 1-22 所示。

焊装生产线有 16 个焊接机器人,完成 376 道车身焊接工序,工艺先进,焊点准确,布点均匀,这样就让整个车身成为一个牢固的整体,好像是一块钢板整体冲压而成的,有助于增强整个乘员舱的刚度,确保遭遇碰撞时不易变形,同时又通过整体的笼形结构分解撞击力。这种安全性能上的领先优势,使驾驶人在遭遇意外汽车严重损毁的情况下,仅仅是手臂被破碎的玻璃划伤,而没有遭受严重伤害。这次意外发生的碰撞不仅让驾驶人深有感触,更是说明了汽车车身保护措施的重要性。

图1-21　碰撞后汽车

图1-22　汽车车身无缝焊接

课题三　汽车车身碰撞损伤判定

对汽车车身碰撞损伤进行准确的判定需要遵守一定的程序:第一,应从车辆发生碰撞的受力情况分析入手,确定碰撞力的大小、方向、作用点和沿车身传递的路线,结合车辆结构特点初步对车辆的损伤情况以及变形趋势做出定性的判断;第二,在定性判断的基础上利用适当的测量工具对车身损伤进行比较细致的测量和分析,确定车辆所受损伤的部位、变形程度,完成对车辆损伤的初步定量分析;第三,准确地确定汽车车身损伤的变形量,对需要维修或更换的部件,还需要对车辆的损伤进行精确的测量,将测量结果以损伤报告的形式进行记录,该记录将作为制定维修方案和进行维修费用估算的依据。汽车被碰撞和汽车车身碰撞后现场记录如图1-23和图1-24所示。

图1-23　汽车被碰撞

图1-24　汽车车身碰撞后现场记录

一、汽车损伤与准确判断

为了准确判断汽车的损伤,需要掌握碰撞事故发生时具体情况。通过与驾驶人交谈、现场观察等对汽车车身有一个基本的了解。通常有几个方面特别注意:

(1)事故车辆的车型结构、车辆基本尺寸。

(2)碰撞时车速和碰撞位置。
(3)碰撞准确位置、碰撞方向和角度。
(4)汽车载质量情况,人员或货物数量和位置。

了解上述基本的情况后,再结合上一课题所讲述的受力分析,对汽车发生碰撞时不同变形特点进一步了解,这对汽车的损伤判断和制定维修方案都有很好的帮助。汽车发生碰撞事故后,由于碰撞力的大小、位置、方向和力的传递等,对车身损伤千变万化,无一相同,但事故发生时驾驶人的反映和汽车的结构等在某种程度上对汽车的损伤有一定的决定作用,并且有一定规律可循。例如驾驶人的第一反应是要绕离危险,汽车的边缘部位通常会造成损伤;驾驶人的反应是猛踩制动踏板,车辆的损伤部位一般会集中在汽车的前部。轿车常见的承载式车身和非承载式车身,因承载的方式和力传递的路线差异,在其他情况基本相同的情况下其内伤也会有很大的不同。下面介绍承载式和非承载式两种汽车车身结构在发生碰撞时的损伤情况。

二、碰撞对承载式汽车车身损伤判定

承载式车身采用"应力薄壳结构"车身结构,能够很好地吸收碰撞时所产生的能量,即碰撞力被整个车身构件逐渐吸收、传递、扩散直至消失。整个车身壳体由许多薄钢板焊接而成,碰撞及引起的振动大部分被车身壳体吸收掉了。但导致的"二次碰撞"通常会影响承载式车身的内部结构或车身的另外一侧,为了控制二次碰撞变形并为乘客提供一个更为安全的乘坐空间,整体式车身在其结构上采取了不同刚度等级的方法。在其前部和后部都设计有"碰撞损伤缓冲区",汽车前后部发生碰撞时,这些缓冲区可以吸收大量的碰撞能量,从而保护中部的乘员空间。来自侧向的撞击则被车身地板侧梁及其加强梁、中心立柱、侧向防撞杆等加强部件抵抗和吸收。下面我们主要分析承载式汽车车身在碰撞时损伤情况。

1. 前端碰撞

汽车前端碰撞程度较轻时,一般会使车前部保险杠及其连接支架受到损伤,并首先波及散热器及散热器支架、前翼子板和发动机罩等。有时由于前翼子板内板受到碰撞力的作用而变形,前轮悬架也会受到影响。碰撞程度较重时,其损坏的范围会扩大很多,使前翼子板后移,造成前门开启困难。发动机罩严重变形并伴随铰链翘曲,有时可触及前围板上罩板;散热器和散热器支架严重变形波及风扇和空调散热器等其他零件,前侧梁发生弯曲或裂伤,前悬架严重变形。通常大部分已达到不可直接修复的程度,可采取更换的方法。碰撞力沿车身传递的结果产生不同程度的变形和损坏。如前门下垂、门隙增大、顶板拱曲变形等。如果碰撞来自斜前方,前侧梁的连接点则会成为旋转中心或旋转面,发生侧向和垂直方向的弯曲,侧向碰撞引起的振动还会从碰撞点传递到另一侧的前部构件,即两侧的车身前部构件均会发生变形损坏。前部斜向碰撞主要会导致前翼子板、翼子板内板、散热器支架和全悬架的变形。

2. 后端碰撞

汽车后端碰撞,车辆受损的程度取决于碰撞的面积、碰撞时的车速、碰撞的对象和车辆的总质量等。如果碰撞较轻微,后保险杠、后地板(或行李舱地板)、行李舱盖、后翼子板等变形,相互垂直的车身板件扭曲。如果碰撞比较严重,后顶罩的侧板会塌陷至顶板底面,四门车柱可能弯曲,车辆的顶板弯曲等。

3. 侧面碰撞

汽车侧面碰撞,确定车辆侧面碰撞损坏时,分析汽车车身的构造十分重要,车辆系两门车还是四门车,普通顶车还是硬顶车,车门有无侧向防撞杆,车辆的中心立柱的结构和主车地板的结构等都会对车辆的侧向防撞能力造成不同的影响。因为车辆发生侧向碰撞时,碰撞力分散到车身整个侧板才能有效保护乘员空间,因此这部分车身构件一般都设计制造得非常坚固,没有碰撞缓冲区。为了提高车辆的侧向防撞能力,现代车辆一般都在车门内侧配有防撞杆,如图1-25所示。当碰撞力不大时,防撞杆将发挥作用使车门减少损伤;对于严重的碰撞,车门、前部构件(前翼子板、翼子板内板和前侧梁等)、车地板侧梁、地板和顶板等,都会有不同程度的变形。当前翼子板或后顶盖侧板受到垂直方向上较大的碰撞时,振动波会传递到车辆的另外一侧,使车辆整体产生弯曲。前翼子板中心位置受到碰撞时,前轮会被推进去,振动波也会传到前侧梁,甚至通过副梁传递到另一侧车轮,造成另一侧车轮定位失准,发动机支撑、转向系统等也会因此而发生损坏。

4. 顶部碰撞

汽车顶部碰撞是由于坠落物体而使汽车顶部受到损坏时,受损的不仅是车顶钢板,车顶侧梁、后顶盖侧板以及车窗等可能同时被损坏。如车辆倾翻,车身支柱和车顶钢板已经弯曲,那么相反一侧的支柱同样也会损坏。汽车损坏的程度可通过车窗车门的变形来确定。

三、碰撞对非承载式汽车车身损伤判定

非承载式汽车车身发生碰撞时由于有坚固的车架承受撞冲力,如图1-26所示,而汽车车身的损伤往往会轻一些,因此对汽车车身的估损重点在车架的修复。

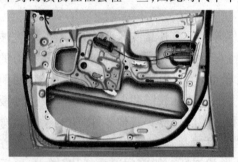
图1-25 汽车车门防撞杆

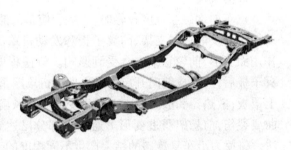
图1-26 非承载式车架

汽车车身碰撞后非承载式车架的变形一般可分为以下五类。

1. 左右弯曲

左右弯曲是从一侧来的碰撞引起的汽车车架的变形。左右弯曲通常会发生在车架的前部或后部,一般可以通过观察钢梁的内侧及对应钢梁的外侧是否有皱曲来确定。也可通过车门长边上的裂缝和短边上的皱褶、车辆一侧明显的碰撞损伤、车身和车顶盖的错位等初步断定左右弯曲的变形。

2. 上下弯曲

上下弯曲是从车辆的外表观察，通常有前部或后部低于正常车辆的现象，整个车身在结构上也有前倾或后倾的现象。大多数前端后端碰撞的车辆都会出现上下弯曲的车架变形。严重的上下弯曲变形能够破坏车架上车身钢板的准直。

3. 断裂损伤

断裂损伤是车辆在有断裂损伤时，车上的某些部件或车架的尺寸会低于原车的技术尺寸。断裂损伤通常表现在发动机罩的前移或后移，有时车门可能吻合得很好，看上去也没有受到任何的干扰，但褶皱或其他严重的变形有可能发生在车身或车架的拐角处，而且侧梁还会在车轮挡板圆顶处上提升，引起车身的损坏。受到断裂损伤后，保险杠一般会有一个非常微小的位移，多为来自前方或后方的直接碰撞而引起的。

4. 菱形变形

菱形变形是车架的一角或偏心点受到来自前方或后方的撞击，其一侧整体向前或向后移动，引起车架或车身的歪斜，使其形成一个接近平行四边形的形状。菱形变形会对整个车架造成影响，而不仅仅是汽车一侧的钢梁，从外观上我们还可以发现发动机罩和行李舱发生错位，在接近后车轮罩处出现褶皱。同时在车地板或行李舱地板上也可能出现褶皱或弯曲。

5. 扭曲变形

扭曲变形是车架扭曲使车架的对角方向明显要高于另外两个对角，车身与车架的连接会出现裂隙，影响车辆的行驶稳定性。有时在车身上直接观察并不能发现车架的扭曲变形，往往需要进一步进行测量才能确定。

汽车车架发生各类损伤的次序依次为：左右弯曲、上下弯曲、断裂、菱形变形和扭曲变形。但大多数的碰撞和事故结果是以上损伤类型的混合。因此要作出准确的损伤评估，还需要不断地积累经验，并配合测量结果来进行综合判断。

课题四　汽车碰撞损伤诊断分析

一、汽车碰撞损伤概述

以轿车发生严重的正面碰撞为例，它的直接损伤多为车身。在碰撞的瞬间，碰撞力试图使汽车的结构缩短，从而引起中部车身横行及垂直方向弯曲变形，而且碰撞力以冲击波的形式开始向撞击点以外的区域扩散，有弹性的刚性车身结构力图使车身保持原来的形状，变形并没有马上产生。随着碰撞的持续作用，在碰撞点上和前部的碰撞缓冲区就会产生显著的挤压而导致变形和断裂，碰撞的能量被结构的变形吸收，保护乘员舱，同时冲击波加剧扩散，其他区域也出现褶皱、断裂和松动。如果碰撞的能量足够大，将引起中央车身向外鼓起变形，以保护乘客不受伤害，车门能够顺利打开。

二、汽车碰撞损伤过程分析

从前面分析，汽车车身的损坏形式和损伤顺序一般为：左右弯曲变形、上下弯曲变形、断裂、扭曲变形和外胀损坏等。左右弯曲变形是从一侧来的碰撞冲击引起车身的左右弯曲或一侧弯曲。左右的弯曲通常发生在汽车的前部或后部，一般可通过观察车辆一侧明显的碰撞损伤，如车门板件与周围板间的缝隙及高度的变化，车身和车顶的错位来判断。上下弯曲变形是碰撞中最为常见的一种损伤，一般由前方或后方的直接碰撞而引起，可能发生在汽车的一侧，也可能是两侧，基本现象是车身有倾斜或离地间隙不一致。可以通过查看车门的缝隙是否在顶部变窄、下部变宽、车门在撞击后是否有下垂等来判断。扭曲变形是当轿车高速撞击到路缘或道路的中央隔离墩时，可能导致扭曲变形。发生扭曲变形以后汽车的一角通常较正常为高或低，而另一侧的情况与撞击一侧相反，即使最初的碰撞直接作用于中心点，但再次的冲击还是能够产生扭曲，从而引起车身的扭曲损坏。汽车车身碰撞还可以通过测量其高度或宽度的尺寸变化而判断。

汽车碰撞损伤是非常复杂的，它不仅包括汽车车身的损伤，也包括汽车其他的机械、电子总成和零部件等的损伤。对这样复杂的情况进行细致的判断是一个系统的工作，如果没有一个比较合理的评估检查方案和工作计划，往往会造成检查中的疏漏，丢掉某些重要的损伤部位，给车辆的维修工作和维修费用的计算带来不必要的麻烦。所以在汽车碰撞损伤诊断中，需要进行检查部位比较多。为了准确做好汽车碰撞损伤诊断，提高工作效率，我们一定要按照下面的汽车碰撞诊断流程，有步骤地对汽车碰撞进行损伤诊断。

三、汽车碰撞诊断流程

汽车碰撞诊断流程如图 1-27 所示。

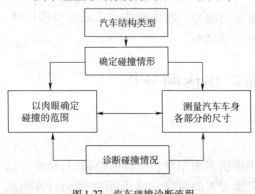

图 1-27 汽车碰撞诊断流程

四、汽车碰撞诊断基本步骤

1. 了解受损汽车结构的类型

针对汽车碰撞后的表观状况询问事故发生时的具体情况和汽车在碰撞之前的工作状况等，这对汽车进行损伤分析和制订维修计划具有指导意义。

2. 目测确定汽车碰撞的位置

将汽车的重点检查部位、一般检查部位和无需检查部位进行简单的划分，以便集中检查，提高效率。沿着碰撞能量传递路线一处一处的检查部件的损坏，直到没有任何损坏痕迹的位置。

3. 目测确定碰撞的方向及碰撞力的大小

对汽车进行碰撞的受力分析，对汽车上哪些部位是直接碰撞损伤，哪些部位可能受到振动波的影响而产生间接损伤，哪些部位可能不会造成损伤等进行初步判断。根据受力分析的结果将汽车的损伤分成若干区域，有根据、有目的对汽车进行必要的定性和定量测量。还要对机械、电子系统进行检测，排除无损的部位，确定损伤的范围和程度。

4. 测量汽车车身

对于小的碰撞,可以通过比较车身的标准尺寸和车身的实际尺寸来检查,简单的测量检查可以用一个轨道式量规、定心量规来比较车身的尺寸。对于比较复杂的车身损坏,必须用三维测量系统检查悬架和整个车身的损坏情况。

5. 测量汽车重点损伤部位

测量汽车重点损伤部位时,对重点损伤部位通过简单的观察、检测、测量等工作,如果还有不能进行准确判定的部位时,需要用比较精密的测量和检测仪器设备,甚至有时需要对汽车进行拆检以确定其内部的损伤情况。

6. 测量的结果

对汽车碰撞进行损伤诊断后,根据测量的结果,制订合理的汽车碰撞后的修复计划,计算修复费用。

五、汽车碰撞损伤评估时环保安全注意事项

在对汽车碰撞损伤评估之前,应注意以下环保安全事项:

(1)汽车进入维修车间后,首先要处理汽车上的破碎玻璃棱边及锯齿状金属。锯齿状金属刃口要贴上胶带纸,但最好用砂轮机或锉刀将其磨平。

(2)如有变速器油或润滑油等泄漏,一定要将其擦净并注意环保。

(3)在开始切割及焊接之前,务必将储气罐移开,防止气罐漏气引起爆炸。焊接前要断开车载计算机连接,防止焊接大电源损坏计算机。

(4)拆除电气系统时,先要卸下蓄电池负极电缆,切断电路,以免突然点燃易燃气体,同时也保护了电气系统。

(5)在进行汽车损坏诊断时照明应良好,如果功能件、机械部件损坏,需在举升机或校正台上进行细致的检查。

(6)在维修车间进行诊断修复时,还应注意车间相关的环保安全规范。

六、分析与讨论

1. 全班观看汽车碰撞试验视频

附项目一视频《汽车碰撞试验》,或在网上下载《汽车碰撞试验》视频,并使用播放器慢放功能进行播放。

分组讨论:

(1)汽车碰撞试验中,车身的变形过程是怎样的?

(2)根据碰撞变形过程,总结碰撞诊断基本步骤。

2. 看图片讨论

汽车碰撞如图1-28所示。

看完图片后每四人一组进行讨论:

(1)图1-28分别是什么形式的汽车碰撞?

(2)汽车碰撞损伤评估时应注意哪些环保安全事项?

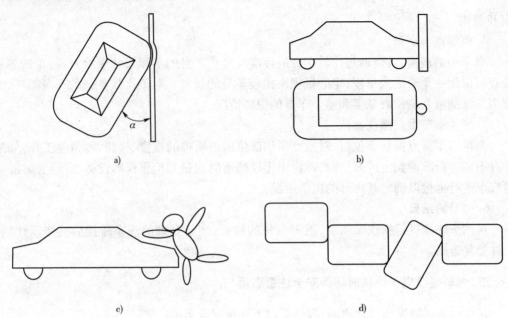

图 1-28 汽车各类碰撞

项目二 碰撞因素对汽车损坏的影响

学习目标

完成本项目学习后,你应能:
1. 叙述常见汽车行驶方向对碰撞损坏的影响;
2. 知道碰撞位置高低对碰撞损坏的影响;
3. 知道碰撞物面积不同对碰撞损坏的影响;
4. 分析碰撞因素对汽车损坏的影响。

建议课时:8课时。

汽车碰撞的交通事故千奇百怪,造成车辆损坏、被撞物损坏甚至人员伤亡也是千差万别。根据碰撞因素对汽车行驶方向不同、碰撞位置高低不同、碰撞物面积大小的不同造成汽车损坏的影响也就不同,下面介绍不同类型碰撞对汽车损坏的影响。

课题一 常见汽车行驶方向对碰撞损坏的影响

汽车行驶方向不同,对汽车碰撞损坏的影响也不同,特别是对汽车车身造成损坏的影响更是不同。

一、汽车车身概述

汽车车身如图2-1所示,用途不同,承载形式各异,但汽车车身通常都包括以下一些最基本结构。轿车、客车一般由车身覆盖件和车身结构件组成。货车、专用车一般由驾驶室(又有长头型、短头型、平头型之分)和货箱两部分组成。下面介绍车身覆盖件、车身结构件、车门和车窗总成、车身内外装饰件、车身附件和其他装置。

1. 车身覆盖件

汽车车身覆盖件有散热器罩、发动机罩、翼子板、挡泥板、车顶盖(天窗)、行李舱盖及前后翼子板等。

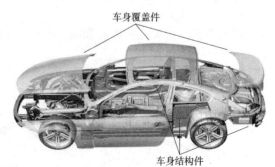

图2-1 轿车车身

2. 车身结构件

汽车车身立柱(前、中、后)、车身框架和车架。

3. 车门和车窗总成

汽车车门、车窗总成包括摇窗机构和车锁等。

4. 车身内外装饰件

汽车车身内装饰件有仪表板、内顶篷、车内侧壁,车身外装饰件则有装饰条、车轮罩、车辆标志等。

5. 车身附件

汽车车身附件包括风窗刮水器、风窗洗涤器、遮阳板、后视镜、收音机、GPS、干式天线、车门扶手、点烟器、烟灰盒、安全带等。

6. 其他装置

汽车车身上除了上述的总成件外,还有安放行李的内、外行李架,有的还具有暖通风装置,还有保护驾驶人的被动安全装置如安全气囊等。

二、汽车行驶方向对碰撞损坏的影响类型

汽车行驶方向不同对碰撞损坏的影响也不同,下面介绍汽车行驶方向对碰撞损坏的几种类型。

1. 两汽车正面行驶碰撞

两汽车正面行驶碰撞如图2-2所示。

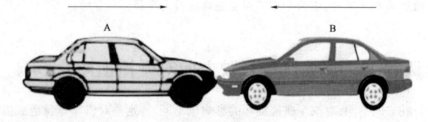

图2-2 两汽车正面行驶碰撞

(1)碰撞后果:A、B两汽车前部受损。

(2)汽车主要变形和损坏部位:保险杠面罩及保险杠、格栅、两侧前照灯、空调电子扇、空调冷凝器、发动机散热器及其支架等受损,严重时损坏部位会扩大至发动机罩、翼子板、纵梁、前悬架机构,甚至导致安全气囊膨开。

2. 两汽车正面行驶一侧碰撞

两汽车正面行驶一侧碰撞如图2-3所示。

图2-3 两车正面行驶一侧碰撞

(1)碰撞后果:A、B两汽车前部的一侧受损。

(2)汽车主要变形和损坏部位:保险杠面罩及保险杠、格栅、一侧前照灯、一侧翼子板受损,严重时损坏部位会扩大到空调冷凝器、发动机散热器及其支架、发动机罩、一侧纵梁、一侧悬架机构、一侧安全气囊膨开。

3. 两汽车正面行驶一侧剐碰

两汽车正面行驶一侧剐碰如图2-4所示。

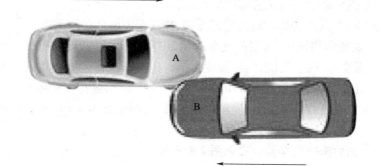

图2-4 两车正面行驶一侧剐碰

(1)碰撞后果:A、B两汽车均为正面一侧面受损。

(2)汽车主要变形和损坏部位:一侧的后视镜、前门、前翼子板刮伤,严重时前风窗玻璃破碎和框架变形、一侧包角、前门立柱、前照灯等损坏。

4. 两汽车斜角侧面碰撞发动机罩

两汽车斜角侧面碰撞发动机罩如图2-5所示。

(1)碰撞后果:A汽车为侧面碰撞受损、B汽车为前部碰撞受损。

(2)汽车主要变形和损坏部位:A汽车一侧前翼子板、前悬架机构、侧面转向灯等损坏,严重时一侧前翼子板报废、发动机罩翘曲变形、前门立柱变形、发动机移位等。B汽车前保险杠面罩及转角部位、前翼子板、一侧前照灯等损坏,严重时一侧前翼子严重损坏,并会导致一侧前悬架、轮胎、空调冷凝器、干燥器、发动机散热器及其支架等部件受损,安全气囊膨开、发动机罩变形。

5. 两汽车斜角侧面碰撞前门位置

两汽车斜角侧面碰撞前门位置如图2-6所示。

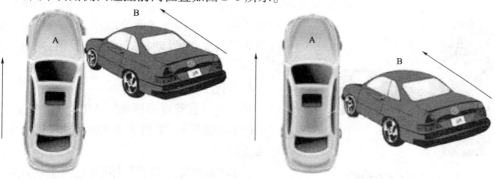

图2-5 两汽车斜角侧面碰撞发动机罩　　图2-6 两汽车斜角侧面碰撞前门位置

(1)碰撞后果:A汽车为侧面碰撞受损,B汽车为前部碰撞受损。

(2)汽车主要变形和损坏部位：A汽车前门、前柱、中柱轻微变形、门窗玻璃破损，严重时损坏程度扩大至仪表板、车槛板、车顶板、一侧翼子板和一侧前悬架机构。B汽车前保险杠面罩及转角部位、前翼子板、一侧前照灯等损坏，严重时损坏范围会扩大至空调冷凝器、干燥器、发动机散热器及其支架、发动机罩等部件，安全气囊膨开。

6. 两汽车斜角侧面碰撞后门位置

两汽车斜角侧面碰撞后门位置如图2-7所示。

(1)碰撞后果：A汽车为侧面后门碰撞受损，B汽车为前部碰撞受损。

(2)汽车主要变形和损坏部位：A汽车后门、中柱变形，门窗玻璃损坏，严重时前后门不能开启，后侧围变形，前后门框、门槛板变形等。B汽车前保险杠面罩及转角部位、前翼子板、一侧前照灯等损坏，严重时损坏范围会扩大至一侧前悬架、一侧翼子板、空调冷凝器、干燥器、发动机散热器及其支架、发动机罩等部件，行李舱盖变形，安全气囊膨开。

7. 两汽车斜角侧面碰撞行李舱位置

两汽车斜角侧面碰撞行李舱位置如图2-8所示。

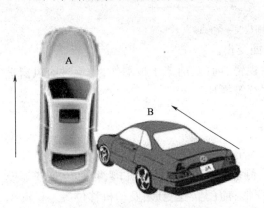

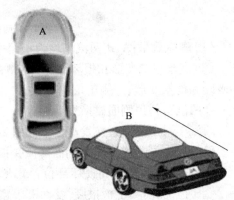

图2-7 两汽车斜角侧面碰撞后门位置　　图2-8 两汽车斜角侧面碰撞行李舱位置

(1)碰撞后果：A汽车为后侧面碰撞受损，B汽车为前部碰撞受损。

(2)汽车主要变形和损坏部位：两车斜角侧面碰撞行李舱盖位置，A汽车后侧围变形，严重时后侧围板严重损坏，后门框、后窗框、后柱、后轮及后悬架等部件受损，行李舱盖变形。B汽车前保险杠面罩及转角部、前翼子板、一侧前照灯等损坏，严重时一侧前悬架和一侧翼子板严重损坏，空调冷凝器、干燥器、发动机散热器及其支架、发动机罩等部件受损，安全气囊膨开。

8. 两汽车垂直角度碰撞

两汽车垂直角度碰撞如图2-9所示。

(1)碰撞后果：A汽车是侧面受损，B汽车是正面受损。

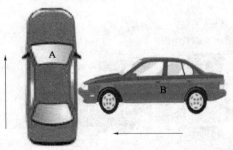

图2-9 两汽车垂直角度碰撞

(2)汽车主要变形和损坏部位：两车垂直角度碰撞，A汽车门中柱呈凹陷变形，前后车门框及门槛板变形，前后车门翘曲变形，严重时损坏会扩大至汽车底板、车顶板甚至车身整体变形、轴距缩短、门窗玻璃破碎等。B 汽车保险杠面罩及保险杠、格栅、两侧前照灯等损坏,严重时损坏范围会扩大至发动机散热器及其支架、空调冷凝器、发动机罩、翼子板、纵梁等,还会出现发动机后移,安全气囊膨开。

9. 两汽车正面追尾碰撞

两汽车正面追尾碰撞如图 2-10 所示。

图 2-10　两汽车正面追尾碰撞

(1)碰撞后果:A 汽车为后部碰撞受损,B 汽车为前部碰撞受损。

(2)汽车主要变形和损坏部位:A 汽车后保险杠面罩及保险杠、后车身板、行李舱盖等变形,两侧尾灯损坏,严重时会导致后两侧围板变形、行李舱底板变形、后悬架机构位置等变形。B 汽车保险杠面罩及保险杠、格栅、两侧前照灯等损坏,严重时会导致发动机散热器及其支架、空调冷凝器和相关部件损坏,发动机罩、翼子板变形,发动机后移,纵梁损坏等。

10. 两汽车正面一侧追尾碰撞

两汽车正面一侧追尾碰撞如图 2-11 所示。

图 2-11　两汽车正面一侧追尾碰撞

(1)碰撞后果:,:A 汽车是尾部一侧受损,B 汽车是前部一侧受损。

(2)汽车主要变形和损坏部位:A 汽车尾部一侧保险杠面罩及保险杠、一侧尾灯、侧围板变形,严重时损坏范围会扩大至行李舱、行李舱底板等。B 汽车前保险杠面罩及保险杠、格栅、一侧前照灯、翼子板损坏,严重时会导致散热器及其支架、空调冷凝器、发动机罩、一侧翼子板和悬架机构损坏,甚至一侧安全气囊膨开。

11. 翻车

汽车翻车如图 2-12 所示。

(1)碰撞后果:汽车顶部全面触地。

(2)汽车主要变形和损坏部位:造成汽车车身整体变形,局部严重损坏,顶板横梁、纵梁变形,顶板陷入,车身前柱、中柱、后柱均会变形。翻滚过程中可能会造成车身侧面损坏,如

图 2-12　汽车翻车

车门、翼子板、后侧围板等损坏,严重时会使整体车身变形。

三、教学互动

(1)观看视频项目二奥迪 A8 碰撞教学片。
(2)分析奥迪汽车正面侧碰对汽车车身的影响。
(3)观察碰撞后的奥迪车身(图2-13)。
(4)分析奥迪汽车车身总成。奥迪车身各部分总成、车身钣金件、车门总成、车身附件等如图2-14所示。

图 2-13 碰撞后的奥迪车身

图 2-14 奥迪车身

(5)了解奥迪车身刚体结构。除去内饰、座椅和车内附属物,一个纯金属的车身框架看起来也很有美感。观察完了总体车身后,我们细细分析每一部分的用材和强度。奥迪车身中部为超高强度钢,它承受的力一般为垂直方向和横向,车身前部的三角刚体与悬架连接,承载车身垂直方向的重力,在碰撞时可以吸收纵向和横向两方面的冲击。这个框架是车辆在正面碰撞中完全受力的部分,车前底部的两根正面防撞梁能承受主要的碰撞冲击,然后冲击力沿着A柱向后延伸,直至消失。所以这个框架是全车身受力最强、碰撞时保证驾驶室不变形的部分,采用超高强度钢材进行保护。

图 2-15 奥迪车身正面防撞框架结构
和侧面防撞框架结构

奥迪车身前部和后部是铝合金材质,它的优点是质量轻、强度也够用。前翼子板、发动机罩和行李舱盖都是受力不大的部位,用铝合金可以减轻车身的总质量。

奥迪车身正面防撞框架结构和侧面防撞框架结构如图2-15所示。从图2-15可看到奥迪车身正面受力时防撞框架和侧面受力时防撞框架。

课题二 碰撞位置高低对碰撞损坏的影响

一、汽车碰撞位置高低对碰撞损坏的影响概述

经常有这样的议论,汽车都撞得报废了,汽车速度一定很高。当然汽车速度是有一定

影响,但汽车碰撞位置和汽车碰撞位置高低也有影响。当汽车速度一定时汽车碰撞位置和汽车碰撞位置高低对碰撞损坏的影响起着决定性的作用,下面介绍汽车碰撞位置和汽车碰撞位置高低对碰撞损坏的影响。

1. 汽车碰撞位置

当汽车发生碰撞时,驾驶人猛踩制动踏板,损坏的是汽车前部,并引起车身和车顶后移动变形,如图 2-16 所示。

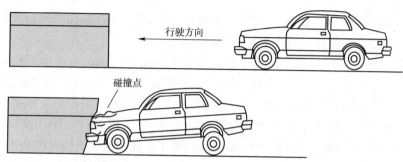

图 2-16　碰撞点在汽车前部较高部位

如果驾驶人习惯性避让碰撞物时,碰撞点在汽车前部某一点处,一般碰撞点在汽车前面较低部位,而引起汽车后部向上变形、车顶被迫上移,在车门的前上方与车顶板之间形成一个极大的缝隙,车顶板就会产生凹陷变形,如图 2-17 所示。

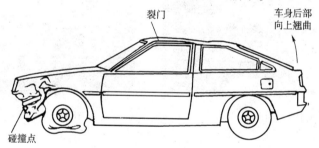

图 2-17　碰撞点在汽车前部较低部位

从上面例子和两张图可以看出汽车碰撞位置决定了汽车损坏的程度。

2. 汽车碰撞位置高低

大多数中低档轿车为发动机前置前驱动,发动机和驱动桥均位于汽车的前部。汽车的最前部是汽车的前围、保险杠、发动机罩。汽车两侧缘(纵轴)只有蒙皮,刚度很小,汽车的侧面(车门)刚度也很小,汽车尾部刚度也很小。如果两个汽车正面追尾碰撞时,这就要看正面碰撞和追尾中两个汽车保险杠的位置高低来决定两车碰撞的损失,这时保险杠起着关键性作用。

二、汽车碰撞位置高低与保险杠的关系

汽车碰撞位置高低对汽车损坏影响是非常大的。在其他条件相同时,汽车和另一汽车碰撞位置高低与保险杠受力大小起到碰撞损坏影响的决定性作用。在所有碰撞中,超过 70% 的碰撞发生在汽车的前部,而在碰撞力比较小时,由前部的保险杠、保险杠支撑等

变形来吸收能量,避免汽车损坏。当碰撞剧烈时,前面的纵梁等能很好地吸收能量,前纵梁作为前部最重要的部件,不仅有承载前部其他部件载荷的作用,而且在碰撞中它还作为主要吸能元件,通过变形吸收碰撞能量。现代保险杠经过加强件用螺栓连接在纵梁上,在碰撞时可以充分吸收碰撞能量,并且在修理时可以迅速更换。接下来,我们通过案例来分析保险杠作用。

1. 案例一

丰田卡罗拉撞击丰田 RAV4,如图 2-18 所示。结论是:保险杠保护作用大的汽车受到的损伤比保险杠保护作用小的汽车所受的损伤要小得多。

丰田卡罗拉撞击丰田 RAV4 的尾部其损坏影响是不同的。丰田卡罗拉损失比丰田 RAV4 要小。这是因为 RAV4 行李舱仅仅是一个金属冲压薄片,没有保险杠保护。因此,卡罗拉与 RAV4 的尾部碰撞时,撞击的是丰田 RAV4 背门的备用轮胎而不是结实的保险杠。备用轮胎并没有被设计为在碰撞中吸收能量,造成丰田 RAV4 背门和车身后板的压溃。所以丰田卡罗拉撞击丰田 RAV4 的尾部时,两车造成的损坏维修费也是不同的。丰田 RAV4 的维修费占两车维修费的 60%~70%,而造成丰田卡罗拉的发动机罩、格栅、前照灯、空调和散热器支架的轻微损坏维修费,应占 30%~40%,如图 2-19 所示。

图 2-18 丰田卡罗拉撞击丰田 RAV4

图 2-19 碰撞后的丰田卡罗拉

2. 案例二

日产 Rogue 车头与日产 Sentra 尾部碰撞如图 2-20 所示。两个汽车碰撞时高低相同,但日产 Rogue 的前保险杠和日产 Sentra 的后保险杠并不在同一高度上,所以造成损失也不相同。分析一下这两辆汽车谁的损失最大。

造成日产 Sentra 车尾的损伤最大。碰撞使日产 Sentra 车尾的保险杠罩、行李舱盖和后车身都变形,严重时会导致后两侧围板变形、行李舱底板变形、后悬架机构位置等变形。而日产 Rogue 仅是散热器压溃和泄漏。

所以汽车碰撞高低与汽车的保险杠是否起作用是它的关键。保险杠是汽车碰撞中,特别是汽车在低速碰撞中防止造成破坏的第一防

图 2-20 日产 Rogue 车头与日产 Sentra 尾部碰撞

线,汽车保险杠结构如图 2-21 所示。汽车的保险杠应被设计成发生碰撞时可以相互匹配,使相碰撞汽车在同一高度或不在同一高度,保险杠保护都将使汽车碰撞时的损失减少到最小。

项目二 碰撞因素对汽车损坏的影响

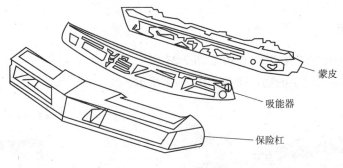

图 2-21　汽车保险杠结构

课题三　碰撞物面积不同对碰撞损坏的影响

一、汽车碰撞时碰撞物面积不同对碰撞损坏的影响

汽车碰撞时的碰撞物面积不同对碰撞损坏的影响也是非常大。汽车以相同的车速碰撞,当被撞击的对象不同时,车辆损坏程度差异就很大。汽车撞上墙壁,其碰撞面积较大,损坏程度就较轻,如图 2-22 所示。相反,撞上电线杆,因碰撞面积较小,其撞坏程度就较严重,如保险杠、发动机罩、散热器和其框架等部件都严重变形,发动机也被后推,碰撞影响还会扩展到车身后部的悬架等部位。造成汽车车身出现轻度、中度、重度损坏。

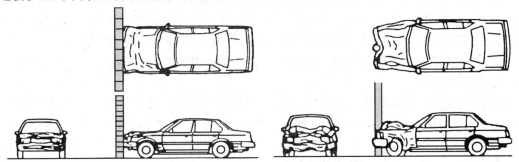

图 2-22　碰撞物面积不同对碰撞损坏的影响

汽车车身轻度损坏:局部的、不影响整体车身的轻度变形,维修工时费为新件价格的 10%～20%,如轿车的前翼子板、车门的轻微变形等。

汽车车身中度损坏:局部框架的变形或板件中等程度的损伤。中度损伤的校正需要局部拆开进行整型操作,其维修工时费为新件价格的 20%～35%。如轿车的前门立柱、中柱等。

汽车车身重度损坏:板件或结构件已经整体变形,需要全部拆开进行整型操作。维修工时费为新件价格的 35%～50%。如前门立柱、前围板、车门和驾驶室总成等。

从图 2-22 分析得出:汽车相同速度撞墙壁比撞电线杆的损失要小得多,一般为轻度或中度损坏;撞电线杆一般为中度或重度损坏。所以汽车碰撞时的碰撞物面积不同对碰撞损坏也就不同。特别是我们估损人员必须根据汽车碰撞时碰撞物面积的不同、汽车受力不同做出精确估损。

二、案例分析

汽车正面与面积较大的物体碰撞如图 2-23 所示。
汽车正面与面积较小的物体碰撞如图 2-24 所示。

图 2-23 汽车正面与面积较大的物体碰撞

图 2-24 汽车正面与面积较小的物体碰撞

两种碰撞后果是不同的。

1. 汽车正面与面积较大的物体碰撞损坏

保险杠面罩及保险杠、格栅、两侧翼子板发生轻微变形。严重时两侧翼子板、前照灯、空调冷凝器、发动机散热器及其支架、发动机罩、风窗玻璃都会损坏。

2. 汽车正面与面积较小的物体碰撞损坏

汽车左前部损坏严重的案例如图 2-25 所示。保险杠面罩及保险杠、格栅、两侧翼子板、前照灯、空调冷凝器、发动机散热器及其支架、发动机罩、风窗玻璃损坏。严重时两侧翼子板变形、前照灯、前悬架及其支架甚至扩大到后悬架机构损坏，所以说汽车正面与面积较小的物体碰撞时，因单位面积受力大，碰撞损坏就大，造成的维修费就多。

所以汽车碰撞面积较大的损坏程度相对小些，而碰撞面积较小的损坏程度相对大些。

3. 蹭伤损坏

由于碰撞发生前驾驶人会有预先反应，如果驾驶人的第一反应是要绕离危险区，汽车的侧面会蹭伤损坏，如图 2-26 所示。严重时会引起汽车前部、中部或后部的弯曲变形。把正面碰撞变成局部或某一点的碰撞称为蹭伤损坏。这样就把汽车正面与面积较大的物体碰撞变成了汽车侧面与面积较小的物体碰撞。

图 2-25 汽车左前部损坏严重

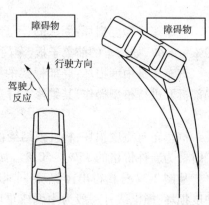

图 2-26 蹭伤损坏

课题四　碰撞因素对汽车损坏的影响案例

一、汽车发生碰撞时现场调查的目的及意义

汽车发生碰撞时要进行现场调查,其目的是查明碰撞的真实原因,尽可能获取现场资料,利用这些资料进行综合分析完成汽车估损。现场调查工作就是调查取证,是对汽车碰撞后进行定性、定责的估损依据,也是汽车碰撞后解决问题合理性的依据。对保护汽车市场的健康发展、创建和谐社会具有十分重要的意义。

二、汽车发生碰撞时现场调查流程与估损

(1)事故形态:正碰、侧碰、追尾碰撞、倾覆、火灾、水灾、失窃等。
(2)事故原因:超速、逆向行车、倒车不当、行人和环境等。
(3)发生事故前车辆的动态:行驶方向、行驶速度、超车、转弯等。
(4)撞击部位:车头、车中、车尾等。
(5)直接碰撞区分析:进行观察损伤面积评估、数据检测量损伤度评估、直接损伤件拆检评估、确定损伤件更换或修复、确定更换和修复的工时。
(6)车身间接损伤区确定。
①了解汽车车身结构。
②碰撞能量从前到后、从左至右、由表及里进行碰撞变形分析。
③用直尺、轨道式量规、定心量规(定中规)、三维测量系统进行数据量化。
④确定维修方案和工时。
(7)机械、电器损伤确认。进行机械部件外观检查、机械零件间的配合关系检测(四轮定位仪)。进行机械零件功能检测;确定损伤件,确定更换和修复工时。进行电子电路分析与外观检查:对一些隐损、需检测或一时无法核定的电器元件,先贴上封签待解体或竣工检测后再重新核定。
(8)内饰变形损伤确认。确认外部变形导致相应饰件拉伸变形、饰件拉裂或断裂;外部变形导致相应饰件与内部元器件摩擦或碰撞损伤。
(9)漆面损伤修复确认。进行车身漆面全面检查并记录。
(10)现场报告。写出机动车辆现场调查报告。
(11)定损。

三、案例模拟

1. 案例一
三辆汽车相对碰撞,碰撞车速为 50km/h,桑塔纳汽车左前受损如图 2-27 所示。桑塔纳汽车碰撞定损的流程如下:
(1)报案。同学模拟报案情景。
(2)拍摄。现场照片、全景照片、车辆整体照片、损失部位照片。

(3)现场调查。查找现场遗留的各种痕迹与碰撞残留物:制动痕迹,车辆紧急制动后与地面摩擦会出现黑色的轮胎拖印,据此判断肇事车辆行驶路线与事故发生时的行驶速度。碰撞、碾压、刮、擦、挤等痕迹:碰撞接触后车辆或物体上留下的痕迹。车辆碰撞所遗留的残碎物体:例如玻璃碎片、剥落的漆皮、破碎零件的碎片等。

(4)确定碰撞接触部位。观察图片碰撞部位并指出。

(5)填写《机动车辆碰撞现场调查报告》。

(6)联系修车地点。情景模拟。

(7)拖车。情景模拟。

(8)估损。为了准确的进行车辆的估损,通常要注意以下几个方面:

①事故车辆的车型结构、车辆基本尺寸。

②碰撞时的车速和碰撞位置。

③碰撞的准确位置、碰撞的方向和角度。

④车辆的载质量情况,人员或货物的数量和位置。

在了解了上述基本情况后,再结合车辆损伤进行受力分析和检查。有经验的估损师应对不同类型的车辆在发生碰撞时不同变形特点非常了解,如碰撞力的大小、位置、方向和力的传递等。车身板件的损伤千变万化无一相同。但事故发生时驾驶人的反映和车辆的结构等在某种程度上对车辆的损伤有一定规律可循。例如驾驶人的第一反应是要绕离危险,汽车的边缘部位通常会造成损伤;如果驾驶人的反应是猛踩制动踏板,车辆的损伤部位一般会集中在车辆的前部等。轿车常见的承载式车身和非承载式车身,引起承载的方式和力传递路线会存在差异,在其他情况基本相同时内伤也会有很大的不同,所以估损时要充分考虑到。

2.案例二

汽车车身碰撞后,观察汽车车身碰撞部位,车顶损坏(图2-28)、车身中部损坏(图2-29)和车尾损坏(图2-30)。

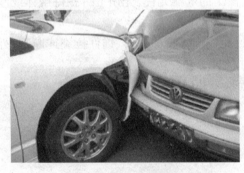

图2-27 桑塔纳汽车左前受损

图2-28 车顶损坏

汽车车身碰撞后与上面案例一有相似流程和不同地方。不同的地方是要注意观察损伤部位、损伤面积评估、修复质量保证评估。

案例二碰撞定损流程是:

(1)报案。情景模拟。

项目二　碰撞因素对汽车损坏的影响

图2-29　车身中部损坏

图2-30　车尾损坏

（2）拍摄。现场照片、全景照片、车辆整体照片、损失部位照片。

（3）现场调查。查找现场遗留的各种痕迹与碰撞残留物，制动痕迹：车辆紧急制动后与地面摩擦会出现黑色的轮胎拖印；据此判断肇事车辆行驶路线与事故发生时的行驶速度。碰撞、碾压、剐、擦、挤等痕迹：碰撞接触后车辆或物体上留下的痕迹。车辆碰撞所遗留的残碎物体：例如玻璃碎片、剥落的漆皮、破碎零件碎片等。

（4）观察损伤部位。汽车车顶损坏、汽车中部损坏、汽车车尾损坏。

（5）损伤面积评估。汽车车身是轻度、中度还是重度损伤。车身变形面积不大于2/3、部件不能有缺损、连接部位不能有缺陷和裂口。数据检测量化损伤度评估，深度尺测量凹坑深度，测量裂纹长度。

（6）修复质量保证评估。直接损伤件拆检损伤评估，确定损伤件，确定更换或修复件、确定更换和修复的工时。

（7）填写《机动车辆碰撞调查报告》。

（8）联系修车地点。情景模拟。

（9）估损、修复。

汽车碰撞的损伤是非常复杂的，它不仅包括车身的损伤，也包括车辆其他的机械、电子总成和零部件等。对这样复杂的情况进行细致的判断是一个系统的工作，如果没有一个比较合理的检查方案和工作计划，往往会造成检查中的疏漏，丢掉某些重要的损伤部位，给车辆的维修工作和修理费用的计算带来不必要的麻烦。所以在汽车碰撞损伤的估损检查中，准确地检测机械、电子系统的工作量是非常大的，需要进行检查的部位多，为了做好损伤判定和维修费用计算，同时也要提高工作效率，我们应按照一定的工作法则，有顺序、有步骤地对车辆进行检测和检验。对汽车损伤估损的通常做法是：

①针对车辆状况询问事故发生时的具体情况和车辆在事故之前的工作状况，这对车辆损伤分析和制定维修计划具有指导性。

②对车辆进行碰撞的受力分析，对车辆上哪些部件是直接碰撞损伤，哪些部位可能受到振动波的影响而产生间接损伤，哪些部位可能不会造成损伤等，做出初步的判断。将车辆的重点检查部位、一般检查部位和无需检查部位进行简单的划分，以便集中检查，提高效率。

③根据受力分析的结果将车辆的损伤分成若干区域，有根据、有目的的对车辆进行必要的定性测量和机械、电气系统的检测，排除无损的部位，确定损伤的范围和程度。

④对重点损伤部位通过简单的观察和测量,无法进行准确判定的部位要进行仔细的检查,这时需要用到较精密的测量和检查仪器设备,甚至有时需要对车辆进行拆检以确定其内部的损伤情况。

⑤根据测量的结果,制订合理的修复计划,计算修复费用。只有这样才能准确而又快速地对车辆进行全面的估损和修复。

四、教学互动案例作业

一辆2010年生产的桑塔纳汽车,前部左侧受到侧向撞击,造成前保险杠、前照灯破裂损坏,经过仔细检查发现车辆经过撞击后,左前门与左前翼子板的间隙为8mm,而右前门与右前翼子板的配合间隙为2mm。发动机罩前部与左、右前翼子板的配合间隙正常值为4mm,右侧前端为9mm,左侧前端已没有间隙,甚至出现了翼子板与发动机罩的重叠现象。发动机罩强行打开后,发现锁柱已发生偏移变形,无法再次锁紧。上述情况应为车辆前部框架已发生向右侧偏移变形,而前发动机罩仍在原始位置,最终导致车身钣金件配合不协调现象。将车辆置于校正架上,用电子测量系统对车身上的控制点进行测量。当测量到车身前部下横梁上的点时,计算机显示此点与标准数据向右偏移了7mm。

1. 诊断流程

(1)了解汽车车身结构,考虑损坏因素。汽车碰撞时根据车速和行驶方向,碰撞物的差异及碰撞时汽车上乘员、货物的数量及位置进行充分考虑,再进行汽车测量,确认碰撞后汽车尺寸如图2-31所示。

(2)碰撞能量从前到后、从左至右、由表及里进行碰撞变形分析,确定弯曲变形、断裂变形、增宽变形、扭曲变形。

(3)利用直尺、轨道式量规(汽车专用测距尺)、定心量规(定中规)、三维测量系统进行数据量化。

图2-31 确认碰撞后汽车尺寸

(4)漆面损伤估损。首先要进行汽车车身漆面全面检查并记录:划痕、受损板面。接着确认受损板面喷漆面积是局部喷漆(图2-32)还是整板喷漆(图2-33)。再进行油漆种类和费用与其他耗材费用确认,最后是估损和工时确认。

图2-32 局部喷漆

图2-33 整板喷漆

(5)确定维修方案。要求同学们简明扼要写出汽车损伤的维修方案。

(6)定损。要求同学们初步定损。

2. 写出简易报告

根据图 2-34 汽车碰撞后的损伤：

图 2-34　汽车碰撞后的损伤

（1）要求同学们根据图 2-34 写出此案例诊断流程及定损方案。

（2）要求同学们参与或了解任何一辆汽车碰撞后汽车保险公司定损的方案，并写出此案例诊断流程。

3. 观看奥迪汽车碰撞

附视频项目二奥迪 A8 碰撞，具体写出分析奥迪汽车正面碰撞对汽车车身的影响。

项目三　车架式车身碰撞变形的类型

学习目标

完成本项目学习后,你应能:
1. 叙述车架式车身的结构和类型;
2. 分析变形特点,识别车架的左右弯曲变形;
3. 分析变形特点,识别车架上下弯曲变形;
4. 分析变形特点,识别车架断裂变形;
5. 分析变形特点,识别车架菱形变形;
6. 分析变形特点,识别车架扭转变形。

建议课时:4课时。

载货汽车和大多数的大客车都采用车架式车身。汽车运载货物的质量及汽车的整备质量均由车架承担,车架是车身最主要的部件,车身壳体不承载荷。车架可制造得很强大,所以重型汽车均采用车架式车身。本项目主要学习车架式车身的结构与碰撞变形的类型。

课题一　车架式车身

一、车架式车身的结构

车架式车身又称为非承载式车身,由车身壳体和车架组成,是传统的汽车车身结构,如图3-1所示。这种结构中,车架是一个独立的部件,没有与车身壳体任何主要部件焊接在一起。车架是车辆的结构基础,车身壳体通过螺栓安装在车架上,发动机、变速器、悬架等大总成也安装在车架上。车架必须有足够的强度,才能承载各大总成的质量,并保证在碰撞中汽车主要部件的固定位置不会产生较大的变动。车架通常是由高强度U形槽钢或箱型构件制成,上面固定一些横梁、支架和拉杆,用于安装汽车底盘部件,横梁、支架和拉杆通常是焊接、铆接或用螺栓连接到车架纵梁上。在发生碰撞事故时,碰撞力可能会先作用在车架上,然后再向车身

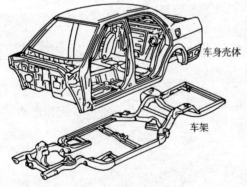

图3-1　车架式车身结构

传递。

二、车架的类型

车架式车身的车架常见有梯形车架、X形车架和框式车架等三种类型。

1. 梯形车架

如图3-2所示,梯形车架包含两个纵梁与一个或多个横梁相连接。梯形车架的强度好,主要在一些载货汽车上使用,但由于它的舒适性差,现在轿车上都不再使用了。

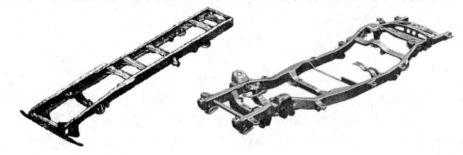

图3-2 梯形车架

2. X形车架

如图3-3所示,X形车架中间窄,刚性好,能较好的承受扭曲变形。由于这种车架侧面保护性不强,在20世纪60年代后期已不再使用。

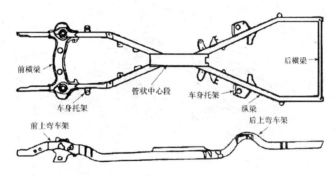

图3-3 X形车架

3. 框式车架

框式车架如图3-4所示。框式车架的纵梁在其最大宽度处支撑着车身,在车身受到侧向冲击的情况下为乘客提供更多的保护。在前车轮后面和后车轮前面的区域分段地形成扭力箱结构。在正面碰撞中,分区段吸收大部分的能量。在侧向碰撞中,由于中心横梁靠近前面地板构件,使乘客室受到保护,同时因乘客室地板低,从而重心降低,空间加大。在后尾碰撞中,由后横梁和上弯车架能吸收冲击振动。由于关键区域有横梁加强,避免了车架过大的扭曲和弯曲。现在所使用的大多数车架都是框架式车架。

三、车架式车身的车身结构

车架式车身是由前车身和主车身组成。

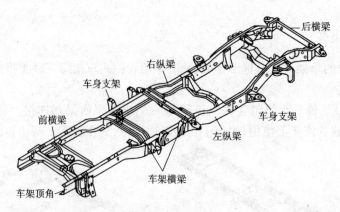

图 3-4 框式车架

车架式车身的前车身由散热器支架、前翼子板和前挡泥板组成，如 3-5 图所示。由于用螺栓安装，易于分解。散热器支架由上支架、下支架和左右支架焊接成一个单体。车架式车身的前翼子板不同于承载式车身的前翼子板，其上边内部和后端是由点焊焊接，不仅增加了翼子板的强度和刚度，并且与前挡泥板一起降低了传到乘员室的振动和噪声，也有利于减小悬架及发动机在侧向冲击时受到的损伤。

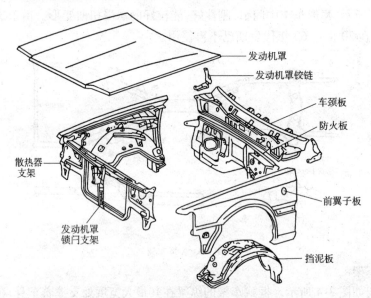

图 3-5 车架式车身的前车身结构

乘客室和行李舱焊接在一起构成主车身，它们由围板、地板、顶板等组成，如图 3-6 所示。围板由左右前车身立柱、内板、外板和盖板的侧板构成。后驱动轿车地板的前部分有一传动轴凹槽，纵贯地板中心。横梁与地板前部焊接在一起，并安装到车架上。当乘客室受到侧向冲击碰撞时，可使乘客室顶边梁、门和侧向车身得到保护。地板的前后和左右边侧用压花工艺做成皱折，增加地板的刚度，减少振动。

载货汽车的主车身没有行李舱，而由一个单独的货箱用骑马卡装在车架上。平头载货汽车的前车身与主车身合在一起，发动机安装在乘客室下面。

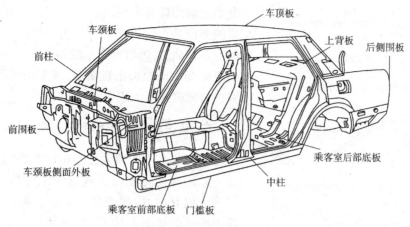

图 3-6 车架式车身的主车身结构

课题二 车架式车身碰撞变形的类型

车架式车身与车架通过弹簧或橡胶垫柔性连接在一起。在这种情况下,安装在车架上的车身对车架的紧固作用不大。而车架作为整车的基础,是直接承受和传递碰撞力的主要构件。车架承受了发动机及底盘各部件的重力,并通过其支架传递汽车行驶时由路面经车轮和悬架传来的各种力,其中悬架传来的各种力对车架或车身影响最大。为了减小损伤,车架上也设计了一些比较薄弱的部位,如图 3-7 所示,主要用来吸收和缓冲来自汽车前端或后端的碰撞能量。车身通过橡胶件固定在车架上,橡胶件同样能减缓从车架传至车身上的振动。遇有强力振动时,橡胶垫上的螺栓可能会损坏,并导致车架与车身出现间隙。由于振动的大小、方向不同,可能会引起车架受到损伤而车身却没有损伤的情况。

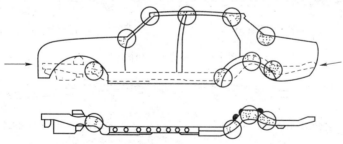

图 3-7 车架式车身上吸能区

当车架式车辆发生碰撞时,汽车车身板件的损坏形式与承载式车辆基本类似。所不同的是车架作为承载件,可能会在严重的碰撞或倾翻事故中会发生比较明显的变形,从而严重影响整车的操控性能。车架最常见的变形有左右弯曲、上下弯曲、褶皱、菱形和扭曲等,这几种变形往往会在事故车上同时存在,在进行损伤鉴定时应仔细检查,逐一确认。

下面请根据工作任务的要求将学生分组讨论车架式车身碰撞各种变形的特点。

一、认识车架的左右弯曲变形

车架的左右弯曲变形是指汽车碰撞后车架的前部或后部向一侧弯曲,如图 3-8 所示,

a) 由前端碰撞引起的车架前部左右弯曲

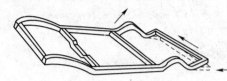

b) 由后端碰撞引起的车架后部左右弯曲

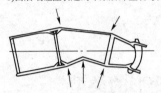

c) 车架中部受到的左右弯曲

图3-8　车架的左右弯曲变形

通常在侧面碰撞中出现。一般可通过查看车架纵梁的一侧是否向内或向外弯曲来确定。判别车架的左右弯曲时，通常可在车辆检视中发现车门的长边缝隙变大而短边出现褶皱，或发动机罩、行李舱盖的边缘缝隙变大或变小。

二、认识车架的上下弯曲变形

车架的上下弯曲变形是指汽车碰撞后车架的某一处的离地高度低于或高于正常值（图3-9），结构上也有前、后倾现象。通常在前部或后部正碰中出现。如图3-10所示，车架的上下弯曲变形一般由来自前方或后方的直接碰撞引起，可能发生在汽车的一侧，也可能是两侧。上下弯曲变形是碰撞中最常见的一种损伤，在交通事故中也常见到这种受损汽车。严重的上下弯曲变形能够造成悬架钢板及座的变形或损伤。判别车架的上下弯曲时，通常可在车辆检视中发现翼子板和车门之间有上下缝隙，发现顶部变窄、底部变宽，或者车门下垂。对某些前保险杠安装在车架上的车辆，在平路面上，会发现保险杠与地面不平行。

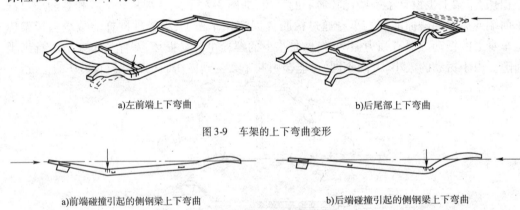

a) 左前端上下弯曲　　　　　　　b) 后尾部上下弯曲

图3-9　车架的上下弯曲变形

a) 前端碰撞引起的侧钢梁上下弯曲　　　　b) 后端碰撞引起的侧钢梁上下弯曲

图3-10　直接碰撞引起的上下弯曲

三、认识车架的挤压与断裂损伤

车架的挤压变形是指汽车碰撞后车架纵梁或横梁长度与正常值不相符，一般会伴随着皱折变形。车颈板前部和后风窗后部区域在前、后正碰中比较容易出现挤压变形。断裂损伤通常表现在发动机罩前移和侧移、行李舱盖后移和侧移。如图3-11所示，皱折或断裂通常发生在应力集中的部位，而且车架通常还会在对应的翼子板处造成向上变形。判别车架的挤压变形时，通常可在车辆检视中发现发动机罩、翼子板或车架纵梁有皱折变形，轮罩上部的车架被抬高等。

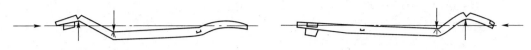

a) 前端碰撞引起的车架断裂损伤　　　　　b) 后端碰撞引起的车架断裂损伤

图 3-11　车架的断裂损伤

四、认识车架的菱形变形

车架的菱形变形是指汽车的一角受到来自前方或后方的撞击力时,其一侧车架向后或向前移动,引起车架错位,使其成为一个接近平行四边形的形状,如图 3-12 所示。菱形变形使整个车架都发生了移位变形,而不是一侧的钢梁。变形后对车辆的操控性能影响很大。判别车架的菱形变形时,通常可在车辆检视中发现发动机罩或行李舱盖的边缝不齐,乘客室或行李舱地板出现皱折。

五、认识车架的扭曲变形

车架的扭曲变形是指汽车碰撞后,车辆在对角线方向上产生变形,即对角线上的一个角高出正常值,另一个角低于正常值,如图 3-13 所示。通常在后部边角碰撞或翻滚事故中出现,如果车辆经常高速通过减速带或马路牙,也可能会导致车架产生扭曲变形。判别车架的扭曲变形时,通常可在车辆检视中发现车辆的一角下垂。

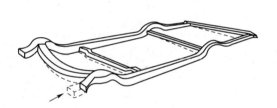　　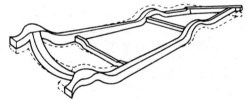

图 3-12　车架的菱形变形　　　　　图 3-13　车架的扭曲变形

在多数事故中车架会同时出现多种变形。除了直接碰撞导致的变形外,车架还可能会因惯性力作用产生二次变形。例如,在剧烈的碰撞中,发动机可能会因为惯性作用前后移动,这样会导致发动机支座(支撑发动机的横梁)产生变形损坏。在损伤鉴定中,通过比较车门槛板与前后车架之间的间隙情况,或者比较前翼子板与轮胎前后部的间隙情况或视保险杠与地面的平行度,可以初步判断车架是否有变形。

车架损伤形式和损伤程度因碰撞力的大小、方向以及碰撞位置的不同而不同。因此,在事故查看中应当收集尽可能多的信息,由此推断出事故发生的过程,这对于判断车架损伤情况是十分重要。大多数碰撞损伤是以上所述变形类型的混合,其修理与校正步骤如下:

(1) 解决扭曲变形。
(2) 解决菱形变形。
(3) 解决皱折与断裂损伤。
(4) 解决上下弯曲变形。

六、教学互动

(1)多媒体介绍车架式车身碰撞变形的类型。

(2)让同学们认真比较上述五种变形的图形,找出各类变形的特点。

(3)组织学生分小组现场观察各种车架式车身碰撞的变形情况的实物,并完成以下作业表,见表3-1。

作业表　　　　　　　　　　　表3-1

车辆基本信息	厂牌型号		号牌号码		车辆类型	
	车辆识别代码(VIN)			车身颜色		
	发动机号			车架号		
	发动机排量			燃料种类		
	初次登记日期			车辆出厂日期		
	已使用年限	年　月	累计行驶里程	万km	使用用途	
	结构特点	自动挡( )	手动挡( )	ABS( )	其他( )	
观察车辆碰撞变形情况	识别车架式车身碰撞变形情况:					
学生分小组讨论	问题:车架式车身碰撞变形的特点是什么?					
教师评分						

第　　　小组　　　日期:

(4)组织学生在观察中,找出兼有两种以上变形的车架式车身。教师注重总结、讲评。

项目四　整体式车身碰撞变形的类型

学习目标

完成本项目学习后,你应能:
1. 叙述整体式车身的结构和类型;
2. 分析变形特点,识别整体式车身表面的局部变形;
3. 分析变形特点,识别整体式车身的弯曲变形;
4. 分析变形特点,识别整体式车身的断裂变形;
5. 分析变形特点,识别整体式车身的增宽变形;
6. 分析变形特点,识别整体式车身的扭曲变形。

建议课时:6课时。

现代轿车、商务车、越野车均采用整体式车身结构。而轿车的质量轻、行驶的动能小,一旦与载货汽车发生碰撞,损伤最为严重。加上整体式车身结构较为复杂,所以要掌握车身的维修技术,一定要熟知整体式车身的结构,了解碰撞变形的类型及其特点。

课题一　整体式车身

整体式车身又称为承载式车身,构件按照其功能和强度可分成结构件和非结构件。结构件通过点焊或激光焊接工艺连接在一起,构成一个高强度的整体式车身厢体,形成一个完整的车体焊接总成。对于损坏极其严重的事故车,有时可以通过更换车体焊接总成进行修复。非结构件是指车身面板、内饰和外饰件等,它们通过螺栓、粘接、铰接或焊接等方式覆盖车体外面,起到密封车身、减小空气阻力、美化车辆的作用,通常也称它们为车身覆盖件。车身结构件和非结构件如图4-1所示。

车体焊接总成是整车的基础结构件,整车的动力性、经济性、可靠性和操控性都与它有着密切的关系。这种结构不仅质量轻,而且还具有很高的强度,在碰撞中能够有效抵抗弯曲和扭曲变形。组成车体焊接总成的各主要构件如图4-2所示。

整体式车身分为前段、中段和后段三部分。

一、前段车身

前段车身的主要结构件有前纵梁、横梁、车颈板、减振器拱形座、前横梁和散热器支架等,它们构成一个封闭的箱体结构,为发动机、变速器等动力总成提供承载空间。汽车的

转向系统、前悬架机构也安装在前段车身上,前端车身的主要结构件如图4-3所示。

(1)前纵梁:通常以点焊焊接在防火板前面、翼子板挡泥板的下面,车身左右两侧各有一根,通常是箱型构件,是承载式车身上强度最大的构件。

(2)横梁:焊接在两侧纵梁之间,用于固定发动机和变速器总成,增大车身的横向强度。

(3)散热器支架:是一个相对独立的框架,位于车体结构的最前端,用来固定发动机散热器,通常用螺栓固定或焊接在纵梁和内翼子板之间。

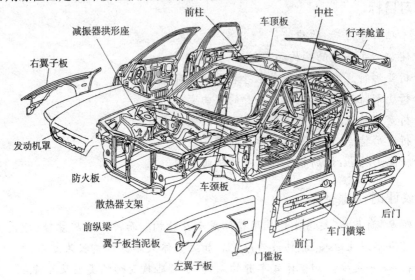

图4-1 车身结构件和非结构件

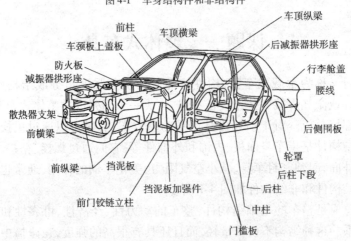

图4-2 组成车体焊接总成的各主要构件

前段车身的非结构件主要有保险杠总成、格栅、翼子板、发动机罩等。

(1)保险杠总成:是车身前段重要的安全部件,主要由杠皮、杠体、吸能装置、卡子等组成,如图4-4所示。它的作用是在碰撞时产生变形,吸收部分能量,保护后面的车体不受损坏。现代轿车上广泛采用了吸能型保险杠,能够更有效地减少碰撞力。常用的保险杠吸能器有橡胶或泡沫隔垫式,还有充气或充油式、弹簧储能式等结构。

(2)翼子板:是包在前悬架和挡泥板外面的盖板,从前保险杠一直延伸到前车门处,遮盖在前车轮外面,通常用螺栓固定在车体上。翼子板在事故中经常容易受损,能够单独更换。

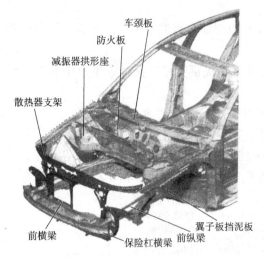

图4-3 组成前段车身的主要结构件　　　　图4-4 前保险总成的主要零部件

(3)发动机罩:是发动机舱的上罩板,通常用铰链连接在车颈板上。发动机罩通常由内、外两块金属板焊接或粘接而成,中间夹着隔热材料。

二、中段车身

中段车身的主要结构件有底板、门槛板、立柱、车顶纵梁、车顶横梁等构件,它们焊接在一起构成乘客室,为乘客提供安全、舒适的乘坐空间,在事故中可以有效保护乘客安全。

(1)车身底板:车身底板是乘客室底部的主要结构,通常由整块钢板冲压而成。车身底板是全车焊接的基础件,是各大总成连接的重要构件。

(2)立柱:对于常见的四门轿车,左右两侧各有三根立柱,分别称为前柱或A柱、中柱或B柱、后柱或C柱,如图4-5所示。

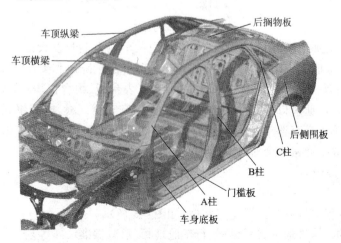

图4-5 构成车身底板的主要构件

(3) 门槛板:又称为脚踏板,是装在车门框底部的加强梁。通常是焊接在地板和立柱、踢脚板或后侧围板上,由内、外板件组成,对汽车地板和车身侧面具有加强作用,在侧面碰撞时能够对乘客进行保护。

(4) 车顶纵梁:焊接在前柱、中柱和后柱之间,为车顶板提供支撑。在翻滚事故中对乘客起到保护作用。

(5) 车顶横梁:焊接在两侧车顶纵梁之间,为车顶提供支撑。在翻滚事故中对乘客起到保护作用。

中段车身的非结构件主要有:后搁物板(窗台板)、车门、车顶板、仪表板等。

(1) 车门:通常由门皮、门内骨架、门板、内饰等零件组成,门皮、骨架和门板通常用点焊或卷曲粘接的方式接合在一起。为加强侧面抗碰撞强度,门内通常还设有防撞杆。车门上装有车窗玻璃、玻璃升降器、门锁及相关电控装置、按钮和开关等,车门通过铰链与门柱相连。车门总成的构成如图4-6所示。

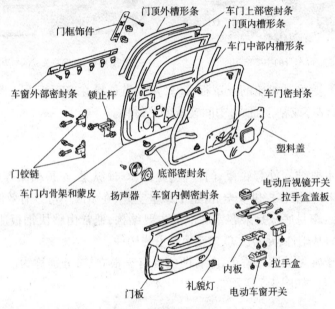

图 4-6 车门总成

(2) 车顶板:是乘客室顶部的盖板,有些车型在车顶板上开设天窗。车顶板通常焊接在立柱上。车顶板底部一般都装有隔垫和内衬,起到隔热、隔声和美化的作用。

(3) 仪表板:是一个非常复杂的总成,除了有仪表台板、组合仪表、收音机(CD机)、暖风和空调控制面板、通风口等零件之外,仪表板还装有安全气囊、电控单元、线束等电气器件,一些高级轿车还带有驾驶人信息显示屏,如图4-7所示。仪表台板一般是塑料件,质地较软,在碰撞事故中通常不会对乘员造成二次伤害。

三、后段车身

后段车身的很多构件与前段车身相似,如图4-8所示。

后段车身的结构件通常有后纵梁、行李舱地板、后减振器塔座等。

(1) 后纵梁:焊接在后段车身底部,通常是箱型构件,非常坚固,为车辆的后部提供足够的强度。

（2）行李舱底板：通常由一整块钢板冲压而成，焊接在后纵梁、后轮罩内板和后背底板之间，构成行李舱的底部。大多数轿车行李舱地板上还冲压出一个备胎坑，用于安装备胎。

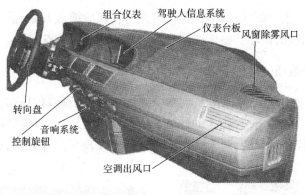

图4-7　仪表板总成

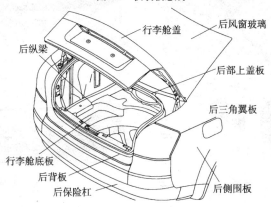

图4-8　后段车身的主要构件

后段车身的非结构件主要有行李舱盖、后背板、后部上罩板、后翼子板、后保险杠等。

（1）行李舱盖：是行李舱上盖板，通常由外板和内板、内衬、锁闩隔板、支架盖锁内饰板等构成。为了提高行李舱盖的强度和吸能效果，在行李舱内板上装有加强筋。行李舱盖以铰接方式连接在上部后罩板上。行李舱盖上通常留有安装后牌照的位置，有时还安装部分尾灯。

（2）后翼子板：又称为后侧围板，后翼子板通常以焊接方式固定，是后段车身中的重要保险装置，构成后段车身的侧面。后翼子板通常以焊接方式固定。

四、整体式车身的结构特点

整体式车身的汽车没有刚性车架，只是加强了车头、侧围、车尾和地板等部位，车身和底架共同组成了车身本体的刚性空间结构。在发生碰撞事故时，碰撞力也直接作用在车身构件上，并沿着车身传播。这种整体式车身除了其固有的承载功能外，还要直接承受各种负荷。整体式车身具有较大的抗弯曲和抗扭曲的刚度，质量小，高度低，汽车重心低，装配简单，高速行驶稳定性较好。但由于道路负载会通过悬架装置直接传到车身本体，因此汽车内的噪声和车身所受振动较大。

课题二 整体式车身碰撞变形的类型

整体式车身在发生前部或后部碰撞时,碰撞力将从碰撞点开始,沿着车身构件向外传播,从而造成更大面积的损坏。整体式车身碰撞各种变形的特点如下。

一、整体式车身表面的局部变形

当车辆受到轻微的碰撞或剐蹭时,在车身表面就会留下擦痕、局部凹坑或挤压的小凸块。这是车身变形最多的情况,图4-9和图4-10所示是常见的两种局部变形事例。判别整体式车身表面的局部变形时,通常可在车辆检视中发现车身外表面,有局部的凹陷或凸出部位,失去原有的光滑外形。

图4-9 车身局部擦痕

图4-10 车身局部变形

二、整体式车身碰撞的弯曲变形

弯曲变形是在碰撞发生后的一瞬间,碰撞力达到最大,它首先会对构件产生挤压作用,使构件中部产生弯曲变形。但由于金属构件具有弹性,若碰撞力较小,产生的变形在弹性变形范围内,在碰撞消失后可能会部分或全部恢复原状。若碰撞力较大,发生塑性变形,则不可恢复。判别整体式车身碰撞的弯曲变形时,通常可在车辆检视中发现车身的宽度或高度超出允许范围。

常见整体式车身弯曲变形有如下多种形式,如图4-11~图4-14所示。

车身变形的实际情况往往错综复杂,会有综合几种弯曲变形,图4-15是整体式车身中部弯变形的事例。

三、整体式车身碰撞的断裂变形

断裂变形是随着碰撞的进一步延续,碰撞点或应力集中点处会出现明显的褶皱,从而进一步吸收碰撞能量,以保护乘客室的安全。由于碰撞力沿着车身传递,导致远离碰撞点的应力集中部位也可能发生褶皱、拉松甚至撕裂断。

项目四 整体式车身碰撞变形的类型

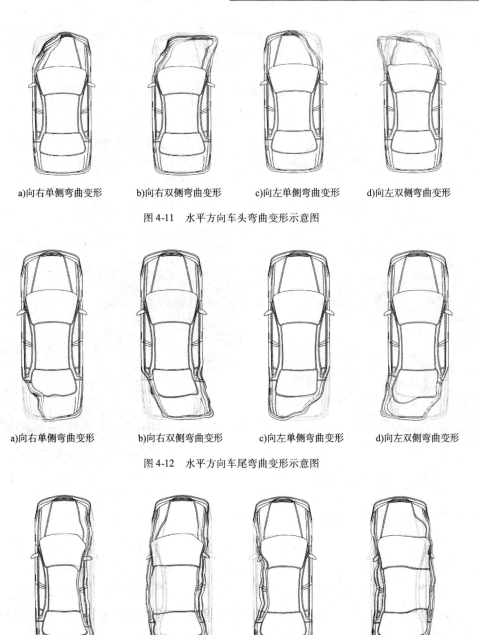

a)向右单侧弯曲变形　b)向右双侧弯曲变形　c)向左单侧弯曲变形　d)向左双侧弯曲变形

图4-11　水平方向车头弯曲变形示意图

a)向右单侧弯曲变形　b)向右双侧弯曲变形　c)向左单侧弯曲变形　d)向左双侧弯曲变形

图4-12　水平方向车尾弯曲变形示意图

a)向右单侧弯曲变形　b)向右双侧弯曲变形　c)向左单侧弯曲变形　d)向左双侧弯曲变形

图4-13　水平方向车身中部弯曲变形示意图

如图4-16所示,整体式车身右侧在碰撞时产生过大的变形,导致右前柱和车颈板受力超过了金属强度而发生断裂,使整个车身出现剧烈变形。判别整体式车身碰撞的断裂变形时,通常可在车辆检视中发现车身某处有断裂,或车身某处的长度超出允许范围。

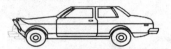
a) 车头向上弯曲变形

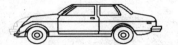
b) 车头向下弯曲变形

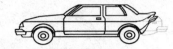
c) 车尾向上弯曲变形

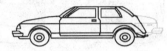
d) 车尾向下弯曲变形

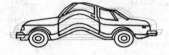
e) 车身中部向上弯曲变形

图 4-14　垂直方向车身弯曲变形示意图

图 4-15　车身中部弯曲变形

图 4-16　车身断裂变形

四、整体式车身碰撞的增宽变形

增宽变形是对于设计良好的整体式车身结构，四个车门有足够强度，有受力点分配合理的防撞杆，再配上受力合理增强刚度的车身中柱，使车身在事故中变形量会很小，即使产生变形，也是车身的构件向外鼓，而不是侵入车身内，以保护乘坐人安全，这就是所谓的扩展变形。判别整体式车身碰撞的增宽变形时，通常可在车辆检视中发现车身的宽度值超出允许范围。

发生增宽变形的车辆车身多是前后尖中间宽、上下窄中间宽的双向鼓式结构。这种结构的 A、B、C 柱成弓形，弓形结构的强度和抵抗外力变形的能力要大得多，如图 4-17 所示。同时，鼓式结构车身的防碰撞杆向外凸，一旦发生碰撞，防碰撞杆能减少车门的变形，避免碰撞后车门打不开，也减少整个车身的变形。同时，外凸的防碰撞杆使车身外鼓增宽，而避免内陷侵入车内，如图 4-18 所示。

五、整体式车身碰撞的扭曲变形

扭曲变形的特点是车身对角线变形，如右前角向左上翘起，左后角的离地高度增加向右上翘起,而左前角和右后角一般高度会降低。反之,则左前角与右后角增高,右前角与左后角降低,如图4-19所示。判别整体式车身碰撞的扭曲变形时,通常可在车辆检视中发现车身的高度和宽度值都不在允许范围内,车身扭曲。

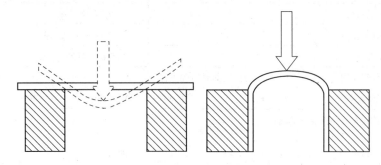

图4-17　片面与弓形的受力变形示意图

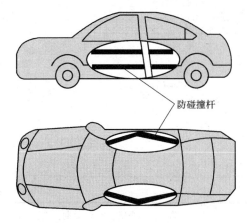

图4-18　车身的防碰撞杆向外凸

图4-19　车身扭曲变形

碰撞点通常不是在车辆正中,碰撞力产生的力矩会使车身产生扭曲变形。即使发生碰撞在车辆正中,二次碰撞也可能会使车身产生扭曲变形。扭曲变形通常是最后发生的一种变形形式。虽然整体式车身与车架式车身在碰撞事故中的损坏形式很相似,但是整体式车身的损坏往往更复杂。另外整体式轿车在严重碰撞中通常不会产生菱形损坏。

无论是哪种车身结构,事故车的车身修复顺序都遵循"后进先出"的规则,也就是说,后产生的损坏(间接损坏)先修复。

六、教学互动

(1)多媒体介绍整体式车身碰撞变形的类型。

(2)让同学们认真比较上述五种变形的图形,找出各类变形的特点。

(3)组织学生分小组现场观察各种整体式车身碰撞的变形情况的实物,并完成以下作业表,见表4-1。

(4)组织学生在观察中,找出兼有两种以上变形的整体式车身。教师注重总结、讲评。

汽车车身碰撞估损 Qiche Cheshen Pengzhuang Gusun

作 业 表　　　　　　　　　　　表 4-1

车辆基本信息	厂牌型号		号牌号码		车辆类型	
	车辆识别代码(VIN)				车身颜色	
	发动机号				车架号	
	发动机排量				燃料种类	
	初次登记日期				车辆出厂日期	
	已使用年限	年　月	累计行驶里程	万 km	使用用途	
	结构特点	自动挡(　) 　手动挡(　) 　ABS(　) 　其他(　)				

观察车辆碰撞变形情况	识别整体式车身碰撞变形情况：

学生分小组讨论	问题：整体式车身碰撞变形的特点是什么？

教师评分	

第　　小组　　日期：

项目五　整体式车身的碰撞变形

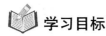 学习目标

完成本项目学习后,你应能:
1. 知道汽车前部碰撞变形;
2. 知道汽车后部碰撞变形;
3. 知道汽车侧面碰撞变形;
4. 知道汽车底部碰撞变形;
5. 知道汽车顶部碰撞变形。

 建议课时:4课时。

通过项目四的学习,了解了整体式车身碰撞变形的类型。本项目具体学习整体式车身的前部、后部、侧面、底部、顶部的变形情况,为以后的学习打下基础。

由碰撞引起的整体式汽车的损伤可以运用如图5-1所示的圆锥体模式进行分析。

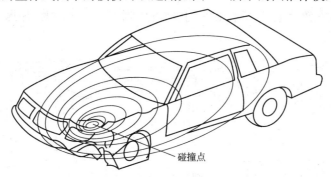

图5-1　碰撞力以圆锥体模式在承载式车身上传播

整体式车身结构的汽车通常被设计成能够很好地吸收碰撞时产生的能量。这样受到撞击时,汽车车身由于吸收撞击能量而产生变形,撞击能量以圆锥体模式传递,通过车身扩散。车身结构从撞击点依次吸收撞击能量,使得撞击能量主要被车身吸收。目测撞击点作为圆锥体的顶点,圆锥体的中心线表示碰撞力的方向,其高度和范围表示碰撞力穿过车身壳体扩散的区域。圆锥体顶点附近通常为主要的受损区域。

由于整个车身壳体由许多片薄钢板连接而成,碰撞引起的振动大部分被车身壳体吸收,如图5-2所示。

整体式车身在发生碰撞时,碰撞力由于惯性作用可能会波及碰撞点很远的车身部件上,从而造成二次损坏。通常,此损伤会影响整体式车身内部零部件和造成相反一侧的车

身变形损伤，如图 5-3 所示。

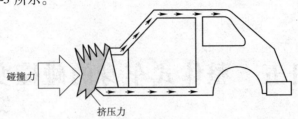

图 5-2　碰撞能量沿车身扩散

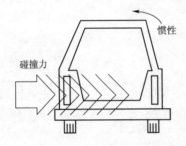 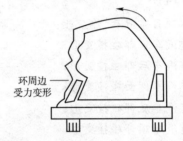

图 5-3　惯性作用，汽车车顶向碰撞的一侧移动

为了缩小二次损坏的范围，保护乘客室的安全，整体式车身的前部和后部设计了一些变形吸能区，如图 5-4 所示。这样，车身在受到碰撞时能按照设计要求形成折曲，使传到车身的振动波在传递时被大大减小。即前部发生碰撞时，碰撞力主要被前段车身和前部吸能区吸收，如图 5-5 所示；后部发生碰撞时，碰撞力主要被后段车身和后部吸能区吸收，如图 5-6 所示；前侧方发生碰撞时，碰撞力主要由前翼子板及前部纵梁吸收；中部发生碰撞时，碰撞力主要被车顶侧梁、中立柱和车门吸收；后侧方发生碰撞时，碰撞力主要被后翼子板及后部纵梁吸收。

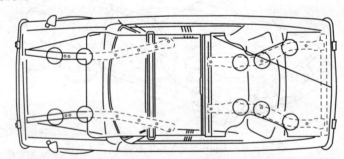

图 5-4　整体式车身的碰撞吸能区

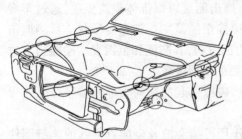 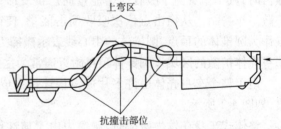

图 5-5　整体式车身前端的碰撞吸能区　　　图 5-6　整体式车身后端的碰撞吸能区

一、汽车前部碰撞变形

汽车车身前部损坏通常是因为车辆正向行驶时与另一辆汽车或物体发生正面碰撞造成的。碰撞力的大小取决于车辆的质量、速度、接触面积和被撞物的情况。如果碰撞轻微，前保险杠会受到向后挤压，可能会使前纵梁、保险杠支架、前翼子板、散热器及其支架、发动机罩锁支架产生弯曲变形，如图5-7所示。如果碰撞比较严重，将会使翼子板向后挤压前车门，发动机罩铰链向上翘起，前纵梁也可能会产生褶皱，并挤压前悬架横梁，导致横梁弯曲。甚至可能会使前翼子板裙板和车身前柱（尤其是前车门上部铰链安装部位）弯曲，这将导致前车门下垂，车门开关困难，如图5-8所示。另外，前悬架摆臂也可能会弯曲，减振器也可能会损坏，前围板和前地板也可能受损，发动机支撑错位，空调通风装置受损，前风窗玻璃破碎，车轮定位参数遭到破坏，如图5-9所示。

图5-7 较轻微正面碰撞导致发动机罩和发动机通风罩的损伤情况

图5-8 较严重的正面碰撞导致车身前部的损伤情况

如果车辆的前部以某个角度发生碰撞，前纵梁的连接点就成为一个转动轴，从而在水平和垂直方向都产生弯曲。由于左、右前纵梁是通过横梁连在一起的，所以碰撞力会通过横梁传递到另一侧前纵梁，致使其产生变形。

二、汽车后部碰撞变形

当车辆在倒车时发生碰撞或发生追尾事故时，会造成车身后部的变形，其变形规律和变形倾向与车身前部大致相同。只是由于车身后部刚度相对较弱，在相同的撞击力下，后部变形相对大一些。但后部没有动力总成、空调系统等重要部件，损失相对低一些。

如果碰撞轻微，可能会引起后保险杠、后面板、行李舱和行李舱底板、后侧围板破损压缩、弯曲变形，如图5-10所示。

图5-9 严重的正面碰撞导致车身一侧和悬架部件受损

如果碰撞比较严重，可能会将后侧围板挤压到车顶板的底部，甚至会造成车身中柱弯曲。大部分冲击能量通过这些部件以及后纵梁的变形而被吸收，如图5-11所示。需要特别注意的是，现代乘用车的燃油箱大多位于后排座椅下面，在发生较严重的追尾事故时，可能会使燃油箱产生裂纹而造成燃油泄漏，燃油极易燃烧，碰撞火星或静电火花都有可能造成严重的火灾。

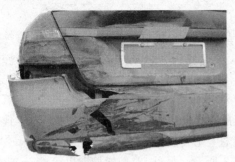
图5-10 轻微的后部碰撞导致保险杠和行李舱盖的轻微破损变形

图5-11 严重的后部碰撞导致行李舱盖和后侧围板变形

三、汽车侧面碰撞变形

整体式车身侧面在抵抗碰撞方面相对比较薄弱。一旦侧面被撞,可能会导致车门、门槛板、中柱、前翼子板以及后侧围板变形,严重时甚至会导致地板变形。如果前翼子板部位遭到侧面碰撞,前轮往往会向内挤压,从而影响到前悬架横梁和前纵梁。如果碰撞比较严重,悬架系统的零部件可能会损坏,前轮定位参数遭到破坏,轴距发生变化,甚至会使转向机构被撞坏,如图5-12所示。如果车辆的前翼子板或后侧围板部位遭到较大的垂直碰撞,冲击波会传递到车辆的另一侧,从而造成对面板件的变形。如果是车辆中间部位遭到侧面碰撞,那么主要是车门总成、门槛板、门柱、车身底板受损,严重时冲击波可能会对车门部位产生变形,如图5-13所示。车身右侧面碰撞导致翻车的全车受损情况如图5-14所示。

图5-12 前翼子板部位受到侧面碰撞导致的变形情况

图5-13 车身中部受到侧面碰撞导致的变形情况

四、汽车底部碰撞变形

如图5-15所示。汽车底部碰撞多为行驶中路面凹凸不平、路面上有异物,如石块等,造成车身底部与路面或异物发生碰撞,致使汽车底部零部件与车身地板损伤。常见的易发生底部损伤的部件有前横梁、发动机下护板、发动机油底壳、变速器油底壳、悬架下托臂、副梁、后桥和车身地板等。

项目五 整体式车身的碰撞变形

图 5-14 车身右侧面碰撞导致翻车的全车受损情况

五、汽车顶部碰撞变形

车身顶部在事故中受损的概率比其他部位相对低一些。在车辆前部、后部或侧面碰撞中,只有当事故比较严重时,碰撞力才可能传递到车身顶部,造成顶部梁和面板受损。汽车倾覆是造成顶部受损的常见形式,汽车倾覆造成顶部受损常伴随着车身立柱、翼子板和车门的变形以及车窗玻璃的破碎,如图 5-16 所示。单独的顶部受损多由高处掉下物体直接砸在车顶板上所致,造成顶板凹陷及骨架变形。

图 5-15 车身底部受到碰撞导致的变形情况

图 5-16 翻车事故造成的车身顶部变形

六、教学互动

(1)多媒体介绍整体式车身前部、后部、中部、顶部碰撞变形。
(2)让同学们认真比较上述五种变形的图形,找出各类变形的特点。
(3)组织学生分小组现场观察各种整体式车身碰撞变形情况的实物,并完成以下作业表,见表 5-1。
(4)组织学生在观察中,找出兼有两种以上变形的整体式车身。教师注重总结、讲评。

汽车车身碰撞估损 Qiche Cheshen Pengzhuang Gusun

作业表　　　　　　　　　　　　　　　　　　　　　表 5-1

车辆基本信息	厂牌型号		号牌号码		车辆类型	
	车辆识别代码(VIN)				车身颜色	
	发动机号				车架号	
	发动机排量				燃料种类	
	初次登记日期				车辆出厂日期	
	已使用年限		年　月	累计行驶里程	万 km	使用用途
	结构特点	自动挡(　)	手动挡(　)	ABS(　)	其他(　)	

观察车辆碰撞变形情况	识别整体式车身碰撞变形发生部位：

学生分小组讨论	问题：整体式车身各部位发生碰撞后的变形损伤结果是什么？

教师评分	

第　　小组　　　日期：

项目六　汽车车身图的识读

学习目标

完成本项目学习后,你应能:

1. 知道车身"三大基准面";
2. 正确识读车身尺寸图;
3. 通过车身尺寸图了解车身各部分测量部位;
4. 具备初步测量知识与技能。

建议课时:10课时。

通常我们说,图样是工程师的语言。图样上所标注的尺寸以及尺寸标注所依据的基准,是保证制造出来的产品符合技术要求所必需的,也是维修过程中所必须遵循的。汽车钣金维修的主要任务就是,根据车身尺寸图的要求,维持或恢复车身的正常状态,延长其使用寿命。

在钣金维修中,测量发挥着极其重要的作用,并且也是影响钣金维修质量的关键。测量基准的概念、车身图的识读、车身各部分测量部位的确定,这些是钣金技术必不可少的知识和技能。

课题一　车身测量基准

一、车身测量的目的与基准

导致汽车车身变形的因素很多,归纳起来不外乎有以下几个方面:因长期使用所引起的变形,其变形程度决定于操作习惯与路况;维修不当所造成的车身变形;碰撞事故导致的机械损伤与变形。

1. 车身测量的目的

车身整体定位参数发生变化,对行驶性、稳定性、平顺性、安全性等都有严重的影响。所谓整体定位参数,是指那些对汽车发动机、底盘、车身主要构件的装配位置有着直接影响的基础数据。如汽车的前轮定位、轴距误差、汽车转向器装配位置等。这些可定量测量的车身参数值,正是原厂技术文件中有明确规定的技术要求。

在高超的钣金维修技术中,测量发挥着极其重要的作用,并且也是影响钣金维修质量的关键。试想,若要保证构件各要素相对于基准要素间的相互位置准确、可靠,以整体定

位参数为表征的测量工作，就有更加深刻的意义：一方面用于对车身技术状况的了解，另一方面用于指导钣金维修。这也就是车身测量的目的。车身的测量与校正如图6-1所示。

2. 车身的测量基准

对车身整体变形的测量，主要采用计量器具测量来采集相关的技术数据，用以判定车身构件及其与基准之间的相对位置。

图6-1　车身的测量与校正

钣金维修中的测量，虽然表现为尺寸数值上的对比，但实际上是对车身构件的位置误差检测。因此，对测量基准的选择就很重要。

使用直尺测量数据，要有一个零点作为尺寸起点，车身三维测量也必须先找到长度、宽度和高度的测量基准。只有确定了基准，测量才能顺利进行，测量也才具有意义。

所谓基准，就是汽车工程师在设计汽车时标注汽车车身长度、宽度、高度尺寸所依据的标准点、标准线、标准面，这也是汽车制造厂在进行车身组焊时必须要用到的，用以保证组焊后车身各构件位置、形状与基准的尺寸符合设计要求。这也是维修检测过程中取得测量参数的主要依据与测量意义所在。

汽车车身测量中，要用到"三大基准面"，它们分别是：水平基准面；中心基准面；纵向基准面（零平面）。

二、车身的水平基准面

简单地说，车身的水平基准面是汽车车身高度方向的尺寸基准。将一辆汽车停放在一个理想的平面上，这个平面就可以看做是水平基准面，如图6-2所示。

图6-2　水平基准面

水平基准面是汽车车身高度方向的尺寸基准，如图6-3所示。因为制图的原因，图6-2中的水平基准面经投影成为一条水平线。

上述水平基准面其实是工程师设计汽车结构时所用的基准，称为设计基准。当仅有车身壳体而没有车轮时，我们可能无法确定并使用这个基准。我们可以采用与设计基准相平行的另一个水平面作为基准，这个水平面我们称为工艺基准面。通常，我们可以把支撑车身壳体的水平工作台面作为工艺基准使用，这个工艺基准与设计基准之间有一个距离，如图6-4所示。

项目六 汽车车身图的识读

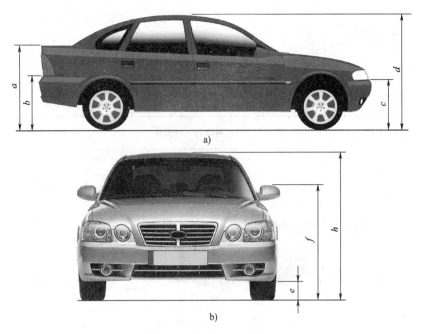

图6-3 水平基准面与高度尺寸

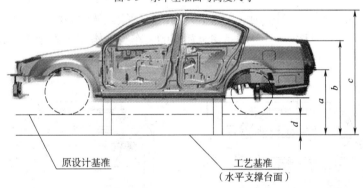

图6-4 工艺基准与尺寸测量

如图6-4所示,工艺基准与设计基准相差一个尺寸 d。这个尺寸 d 可通过维修手册查到。有时,维修手册也直接给出由工艺基准导出的车身测量尺寸,如图6-4中的 a、b、c 三个尺寸。

如图6-5所示,这是常见的在维修手册中给出的工艺基准与车身测量尺寸图。在维修作业中,可根据图中的尺寸,将车身中部支撑在距水平支撑台面380mm高度上,然后检查其他尺寸是否符合要求。若不符合要求,说明车身有变形,需要进行校正。当我们采用定中规测量车身是否存在高度方向上的弯曲变形时,我们必须要确定这样一个工艺基准面,关于定中规测量法,我们将在项目七课题二中进行论述。

三、车身的中心基准面

中心基准面是一个与水平基准面垂直并与汽车纵向中心线重合的平面。这也是在汽车设计中形成的,控制汽车宽度方向(横向)尺寸的基准,如图6-6所示。通过这个假想的中心平面将汽车车身外形分成左右对称的两部分。

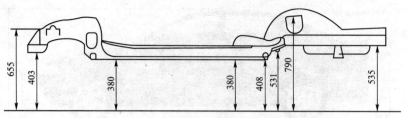

图 6-5　工艺基准与车身测量尺寸

图 6-6　车身中心基准面

车身上所有宽度方向(横向)的尺寸都是以中心面为基准测得的。如图 6-7 所示,中心基准面因视图投影的关系,在图中画成了竖直方向的点画线。从中心面到车身左侧的尺寸与中心面到车身右侧同一对称点的尺寸,是完全相同的。车身结构的一侧称得上是另一侧完全对称的镜像。

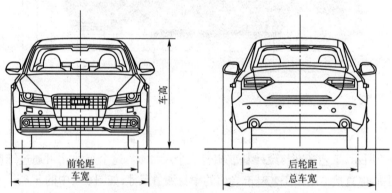

图 6-7　车身中心基准面与宽度方向(横向)尺寸

当采用定中规进行测量时,定中规上的中心销应保持在车身中心面上,沿着中心面进行观测,如果定心销偏离中心面,则说明车身发生了横向的弯曲或扭曲。关于定中规的使用,将在项目七中介绍。

四、汽车的纵向基准面(零平面)

这也是一个假想的平面,纵向基准平面有两个,它们与水平基准面垂直,并通过汽车的前、后轴线。如图 6-8 所示。因为此平面在汽车总体设计图中被标注为纵向尺寸的"0 线",因此也有人将此纵向基准面称为"零平面"。显然,零平面有两个。

汽车纵向基准面是在汽车设计中形成的,是汽车纵向尺寸的基准,如图 6-9 所示。显然,也是因为视图投影的原因,纵向基准面在图中成为垂直于水平基准面的点画线。汽车纵向控制尺寸都以纵向基准面为起点进行标注。

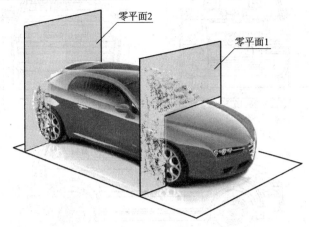

图6-8 汽车纵向基准面(零平面)

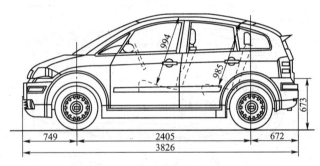

图6-9 汽车纵向基准面与纵向尺寸

五、车身总体尺寸的标注

车身总体尺寸图是在汽车设计初期形成的,是汽车制造中必须遵循的,当然也是汽车钣金维修中必须达到的要求,否则就不是高质量的钣金维修。图6-10所示为汽车车身总体尺寸图。

1. 车身高度方向的尺寸标注

如图6-10所示,水平基准面为高度方向尺寸的基准0线,标注出控制车身高度方向各控制点的高度尺寸。

2. 车身宽度方向(横向)尺寸的标注

如图6-10所示,以中心基准面为对称面,标注出汽车宽度方向(横向)的尺寸,图中标示出前轮距、后轮距、车体宽和总宽四个尺寸。

3. 车身纵向尺寸的标注

如图6-10所示,以前后轮中心竖直线代表纵向基准面,可标注出汽车纵向的尺寸,图中标示出汽车的前悬尺寸、后悬尺寸、轴距与车长。

车身数据图载明了车身上各控制点相对于其基准的尺寸数据。不同公司提供的数据图在形式上可能有所不同,但是基本的数据信息是相同的,都要反映出车身上测量点的长度、宽度、高度的三维数据。学习车身数据图的识读,是学习车身维修的基础。

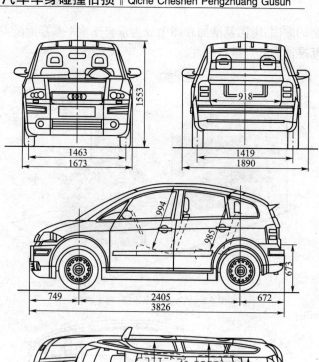

图6-10　汽车车身总体尺寸图

课题二　车身图的识读

一、车身底部数据图的识读

车身测量工作对于成功的修复损伤非常重要，修复后数据的准确性对车辆的行驶性能和安全性都有非常大的影响。在车身维修中测量工作需要频繁应用车身数据，这就要用到车身数据图。不同的车辆其标准数据是不一样的，在维修中可能会使用各种车辆各种类型的车身数据图和车身数据。

每家汽车公司的汽车都有车身数据，有些数据公司也通过测量来获得。不同的数据公司和厂家提供的数据格式可能不同，但要表达的基本内容是一致的，都要提供出车身主要结构件、板件(车门、发动机罩、行李舱盖、翼子板等)的安装位置，机械部件(发动机、悬架、转向系统等)的安装位置。我们通过某型车数据图的学习，了解怎样通过车身数据图来辨别车身上测量点的三维数据。

二、车身底部数据图

不同公司提供的数据图在形式上可能有所不同，但是基本的数据信息是相同的，都要反应出车身上测量点的长度、宽度、高度的三维数据。下面以一种常见的车身数据图来解读图中的内容。

1. 车身底部俯视图

图6-11为车身底部纵梁(俯视)尺寸图,以俯视图来表达车身底部纵梁形状尺寸。左侧为发动机舱部分,右侧为车身尾部。图中的数字是相对某一基准的尺寸。不带括号的尺寸,单位为mm;括号内的尺寸,其单位为in(英寸)。图中标注有以英文字母命名的纵梁上各点与基准之间的尺寸。

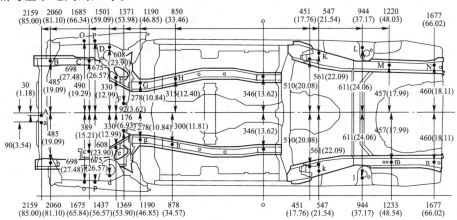

图6-11　车身底部(俯视)尺寸图

2. 车身底部侧视图

图6-12为车身底部(侧视)尺寸图。此图水平基准线(面)上所标注的大小写字母,与图6-11上的各点相对应,表示各点相对于水平基准的高度。

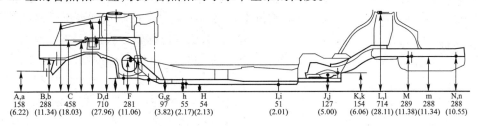

图6-12　车身底部(侧视)尺寸图

三、车身尺寸图的基准与尺寸图的识读

1. 中心基准线

图6-11所示中部的点画线,即为车身的中心基准面在水平面上的投影。所有底部宽度方向上的尺寸,都是以中心基准面为基准线,即是以图中的点画线为0线。

2. 尺寸图宽度方向尺寸识读

如图6-11所示,俯视图左侧,左、右纵梁上对称的两个孔B和b,它们距中心线的尺寸都是485mm,显然,对中心线而言是左右对称的,如图6-13所示(图6-11的局部)。

俯视图中,相对于中心线对称的点还有很多。如图中右侧,左右后纵梁上的两组孔K和k、N和n,都是对中心线左右对称的,如图6-14所示(图6-11的局部)。

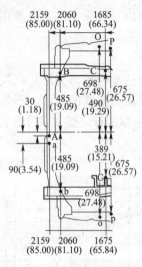

图6-13 B-b孔的位置

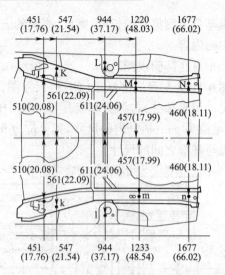

图6-14 K、k和N、n两组孔的位置

在图中,左右对称的结构尺寸,其尺寸线的箭头在图中都是相对的。箭头错开的尺寸,虽然有尺寸相同的,但相对中心线而言却不是左右对称的。如图6-14所示,左右后纵梁上的孔M和m,其位置距中心线都为457mm,其尺寸线箭头并不相对,而是错开一点,显然这两个孔的位置对中心线而言不是左右对称的。

3.水平基准线

在图6-12的下方有一条水平线,这条线就是车身高度的基准线(面)。基准线的下方有从A至N的字母,表示车身测量点的名称,并与俯视图相对应。字母旁边的数据表示这个点相对水平基准的高度。某个测量点如果有同名大小写的字母,则表示的测量点一般在俯视图上都显示为两个左右对称的测量点。侧视图上每个控制点到高度基准线都有数据表示,这些数据就是测量点的高度值。

在图6-12车身底部(侧视)尺寸图中可以看到,车身底部在高度方向的尺寸都是以一个水平线为基准的(以这条水平线为0线)。这个水平线其实是一个水平基准面在侧视图中经投影成为一条水平线。这个水平基准面并非是汽车总体设计图中与车轮相切的那个水平基准面,而是一个工艺基准面,图中直接给出了各测量点相对于这个工艺基准的高度。

4.尺寸图高度方向尺寸识读

如图6-12左侧起向右第二个尺寸标注为:B.b 288,其含义是:在图6-11中,过B、b两孔所在的纵梁位置底面距水平基准线的高度为288mm,如图6-15所示(图6-11、图6-12局部)。

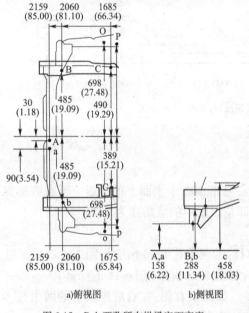

图6-15 B、b两孔所在纵梁底面高度

如图6-11左侧,在左右纵梁上有两个对称的孔N和n,在图6-12中标明它们所在位置的后纵梁底部距水平基准线的高度为268mm,如图6-16所示(图6-11、图12局部)。

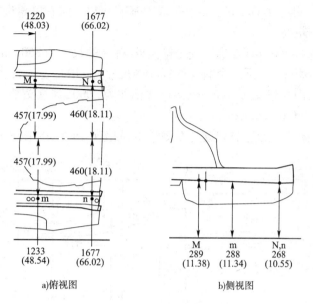

图6-16 N、n孔所在的后纵梁高度

5. 纵向基准面

在图6-11的中部,有一标注为0-0的线,这条线就是车身底部纵向尺寸基准线。它是一个与纵向基准面(零平面)相平行的平面在水平面上的投影。与汽车总体尺寸图不同,总体尺寸图中的纵向基准面(零平面)是两个通过前后轴线的与水平面垂直的平面。图中的这个基准面并不与前后轴线重合,只是与纵向基准面平行。所以,俯视图中的这个纵向尺寸基准是一个工艺基准,如图6-17所示(图6-11局部)。

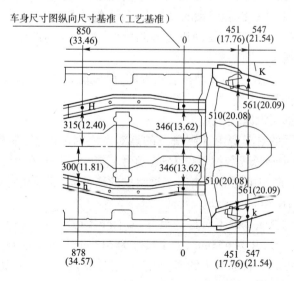

图6-17 车身尺寸图纵向尺寸基准

6. 尺寸图纵向尺寸的识读

在图 6-11 中上部,在 0-0 线上有指向两侧的、单向箭头表示的尺寸线。这就是车身底部尺寸图上表示纵向尺寸的方式。以 0-0 线为基准,向左、向右以累进方式表示车身底部结构相距 0-0 线的距离。

如图 6-11 所示,在 0-0 线左侧第一个箭头处,标注的尺寸为 850mm,其意义为:纵梁上的孔 H,距 0-0 线 850mm。下一个箭头处标注的尺寸为 1190,表示纵梁上 G 孔距 0-0 线 1190mm。同理,在图 6-11 左侧,有一纵向尺寸标注为 2060,其意义是:前左右纵梁上对称的两个孔 B 和 b,距 0-0 线 2060mm。

0-0 线右侧纵向尺寸标注与识读与左侧相同,如图 6-18 所示(图 6-11 局部)。

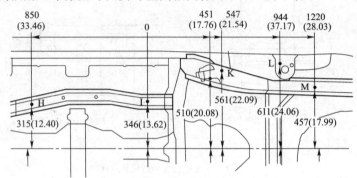

图 6-18　车身底部纵向尺寸

四、车身上部数据图与识读

1. 车身上部数据图

上部车身数据图主要显示上部车身的测量点。包括发动机舱部位翼子板安装点、散热器支架安装点、减振器支座安装点和其他一些测量点,还有前、后风窗的测量点,前、后门测量点,前、中、后立柱铰链和门锁的测量点,行李舱的测量点等。

上部车身的这些测量点(如发动机舱的测量点)对车身的性能影响很大,其他的测量点数据对车身的外观尺寸调整非常重要。

通常,车身上部数据图包括发动机舱数据图,前风窗数据图,后风窗数据图,行李舱数据图和车门框数据图等。

2. 车身上部数据图识读

有些数据图显示的是车身上部测量点的点对点之间的数据,某车型发动机舱数据图如图 6-19 所示。图中括号内数据单位为 in(英寸),其余数据单位为 mm。

如图 6-19 所示,图中由同名大小写字母组成的测量点,都是相对纵向基准面左右对称的。如图中,A 和 a,K 和 k,C 和 c。

图中还有不少对纵向基准不对称的尺寸,如图 6-19 中,D 点到 F 点与到 f 点的尺寸,即为非对称尺寸,一个尺寸为 633mm,一个尺寸为 613mm。测量控制点都在前纵梁上。前纵梁上的另一控制点为左右纵梁上的 E、e 点,其相对 D 点的尺寸分别为:859mm、854mm。

3. 后风窗数据图与识读

后风窗的尺寸通过测量图中 A、A′、B、B′ 四点的相互尺寸得到,A 和 A′ 是车顶板的角,

B 和 B′是行李舱电焊裙边上一条搭接缝隙。某车型的后风窗测量图如图 6-20 所示。在实际修复中,具体到特定车型的后风窗数据图尺寸,请参见维修手册。

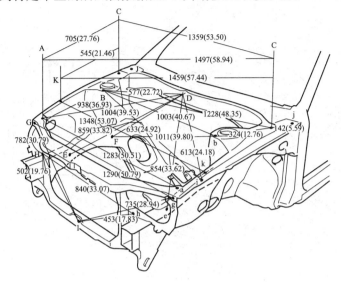

图 6-19 车身上部发动机舱数据图

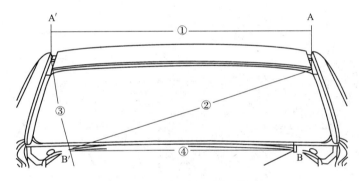

图 6-20 车身上部后风窗测量

4.车身上部前、后门框数据图与识读

前门的尺寸通过测量图中 A、B、C、D 四个点的相互尺寸得到,A 点表示风窗立柱上的搭接焊缝位置,B 点表示前柱铰链的上表面,C 点表示中门柱锁闩的上表面,D 点表示中门柱铰链的上表面。如图 6-21 所示。具体尺寸数据,请查阅所修车辆的维修手册。

某车型更为详细的车身上部风窗和门框数据图如图 6-22 所示;

测量点在车身上的具体位置,如图 6-23 所示。前门上各测量点 i、j、k、m、n 等,均位于门框钣金件冲压组焊后留下的特定的缺口处或特定的焊点(焊缝)处。

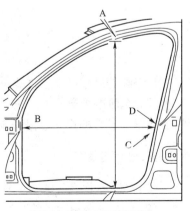

图 6-21 车身上部前门测量

5. 车身上部行李舱数据图与识读

车身上部行李舱数据图如图 6-24 所示。

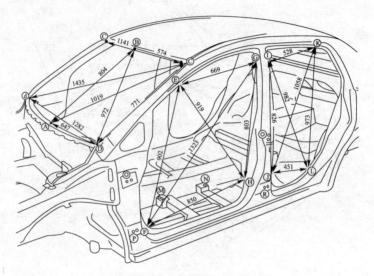

图 6-22　前风窗和门框数据图

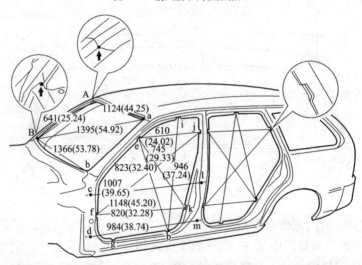

图 6-23　车身上部数据与测量点位置

行李舱的尺寸可以通过测量图中 A、B、D、E、A′、B′、D′、E′的相应尺寸得到，A、B、A′、B′表示行李舱电焊裙边上一条搭接缝隙，D、E、D′、E′表示保险杠上固定螺钉的中心。如图 6-25 所示。具体的尺寸数据请查阅所修车辆的维修手册。

五、思考与练习

(1) 多媒体介绍车身尺寸图的标注方法。

(2) 什么是车身测量的"三大基准"？

(3) 在车身数据图上，找出车身尺寸数据标注所依据的"三大基准"。

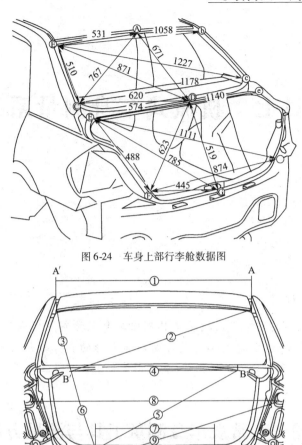

图 6-24 车身上部行李舱数据图

图 6-25 行李舱数据测量点的位置

六、车身图就车识读实践

技能是在掌握知识后，在实践中练成的。车身图的识读练习最好通过对照样车进行，可取得事半功倍的效果。就车识读的步骤如下：

（1）准备好一张完整的某车型的车身数据图。

（2）找到一辆与车身数据图的车型一致的车身。

（3）对照数据图在车身上找到相应的部位，找到数据图上的测量点在车身上的位置，可以尝试进行简单的测量，看是否符合数据图上的尺寸。

（4）写出实践活动报告。报告应包括如下内容：

①车型。

②说明就车识读部位与测量点，识读部位至少两处，每处识读尺寸不少于三个。

③依照数据图，画出识读部位与测量点。

④说明所采用的测量方法与测量工具名称与规格。

⑤说明初步测量数据与数据图标准数据的吻合情况，并说明原因。

项目七 机械式车身测量系统

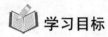 **学习目标**

完成本项目学习后,你应能:

1. 知道各种车身测量系统;
2. 正确选用测量系统;
3. 具有初步的车身测量技能。

 建议课时:12课时。

机械式车身测量的实质就是用测量工具测出车身上控制点之间的相对距离尺寸,并与标准尺寸进行比较分析,以确定车身是否变形和变形的具体数值。车身测量本身因使用量具及方法的不同,又划分为常规测量、量规测量和坐标测量三大类。

课题一 常规车身测量工具与测量方法

在汽车的碰撞事故修复中,汽车车身的修复占有极其重要的地位。而在汽车车身的修复中,对车身的详尽而又精确的测量,则是车身修复的基础。车身测量的实质就是用测量工具测出车身上具体控制点之间的相对距离尺寸,并与标准尺寸进行比较分析,以确定车身是否变形和变形的具体数值。

就承载式车身来说,准确的测量车身变形对成功修复极为重要,因为汽车转向系统和行驶系统都装配于车身上,车身变形会严重影响到转向系统和行驶系统的定位,从而影响到汽车的操纵性和行驶性能。

以钣金维修工艺为基础的测量,一般分为三个步骤,作业前的测量,作业过程中的测量,竣工后的检测。

(1)钣金作业前的测量目的:确认车身的损伤状态,掌握变形程度,为合理地制订维修方案提供依据。

(2)钣金作业过程中的测量:指导维修作业过程的操作,有助于提高维修质量。

(3)钣金作业竣工后的测量:为验收和质量评估提供可靠的数据。

显然,对变形的校正,并非以外观或构件的装配是否吻合为标准,而是以车身上各装配连接点的位置精度误差为标准,这才是影响钣金维修内在质量的关键要素。为了保证汽车使用性能良好,总成的安装位置必须正确,因此在维修后,要求车身尺寸配合公差不超过3mm。

一、车身测量参数的比较标准选择

车身维修对变形的测量,虽然表现为尺寸数值上的对比,但在实际应用上是对车身及构件位置误差的检测。因此,对测量后数据的对比标准选择就很重要。生产实践中,常采用标准参数法和对比参数法。

1. 标准参数法

标准参数法以图样或技术文件中的规定来体现检测标准。汽车车身图中,注明了车身上特定的测量点。以图样规定为标准的参数法在测量中,定向位置要求用点与点之间的距离来体现;对称性要求用模拟轴线(或点)与实际对称轴(或点)的相对位置来体现。这种测量检查方法可以比较准确的评估变形及其损伤的程度,是比较可靠也较为流行的方法。图7-1即为标准参数法所依据的汽车车身尺寸图。

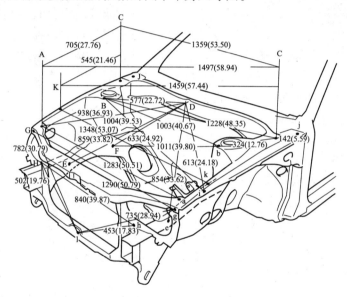

图7-1 标准参数法所依据的汽车车身尺寸图

2. 对比参数法

对比法参数法以相同汽车车身的定位参数作为检验标准。当然,所选择的车身应完全符合技术文件规定要求的状况,必要时还可以通过增选车辆数量来提高目标数据的准确性。

运用对比法确定测量标准时,还应注意以下几个问题。

1)数据的选取

由于对比法需要操作者视情景量取有关数据,选择哪些测量点、数据作为车身定位测量的尺寸标准,应该遵循的原则是:

(1)利用车身壳体或车架上已有的基准孔,找出所需的定位参数值。

(2)以基础零件和主要总成在车身上的正确装配位置为依据。

(3)比照其他同类型车身图中的标示方法,确定标准参数的量取方案。

如图7-2所示为对比参数法所依据的车身上的基准孔及定位参数值。

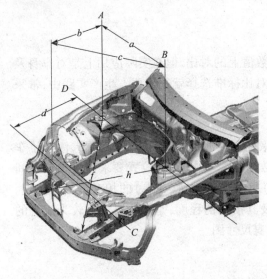

图 7-2　对比参数法所依据的基准孔与参数值

2) 误差的控制

与参数法相比,对比法测量的可靠性较差。这就要求应尽可能将测量误差限制在最小,以防止因累积误差的增加而影响检验结果。其对策措施是：

(1) 选择便于使用的测量器具(如测距尺)。

(2) 不能以损伤的基准孔作为测量依据。

(3) 同一参数值应尽量避免接续式测取,最好是一次性量得。

(4) 如果没有可供选择的车身作为对比,也可利用车身的对称性使用对角线比较法和长度比较法测量。但这种方法仅适用于碰撞程度不大的变形,并要求两者必须结合使用才能判明损伤。

长度比较法测量和对角线比较法测量如图 7-3 所示。

如图 7-3 所示,在图 7-3b)中,通过对角线测量得知 $b>a$,但究竟是左侧变形还是右侧变形,还得测量两条边 DC 和 BC 的长度并通过对比来判定。当我们通过边长的测量得知图 7-3b)中的 DC 和 BC 都比作为标准的图 7-3a)的对应值大时,即可判定是右侧变形。左侧的变形判定方法与右侧相同。

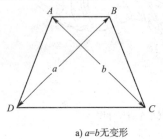

a) $a=b$ 无变形　　　　b) $a<b$ 右侧变形

图 7-3　长度比较法测量和对角线比较法测量

二、变形测量方法与工具

车身变形的测量工具与测量方式方法的选择直接影响到测量精度,过大的测量误差对最终维修质量的影响是不言而喻的。

车身变形的测量方法有测距法和坐标测量法。

1. 测距法

测量中心距(也称测距法)可以直接测得所需方向上点与点的距离,是最简单、实用的一种测量方法。它主要通过测距来体现车身构件之间的位置状态。测距法所使用的量具是钢卷尺、专用测距尺、钢直尺等。钢直尺又称为钢板尺,因应用不便,在生产中使用越来越少了,如图 7-4 所示。

2. 坐标测量法

坐标测量法分为机械式坐标测量法和电子式坐标测量法。特别是电子式坐标测量法，使用计算机控制技术，测量精度高，测量速度快。但设备昂贵，目前在生产实际中使用较少。

三、测距法的应用

1. 钢卷尺

钢卷尺测量简便、易行，但测量精度低，误差较大，仅适用于精度要求不高的场合。当测量点之间不在同一平面或两个测量点之间有障碍时，测量误差增大或无法进行测量。钢卷尺外形如图7-5所示。

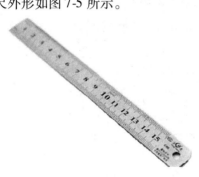

图7-4 钢直尺

图7-5 钢卷尺

2. 钢卷尺在测距法中的应用

1）方法一

用钢卷尺测量孔中距时，可直接将卷尺上一整数刻度对正所测孔的中心，如图7-6所示，这个整数刻度也就是孔中心距计数的起始点。

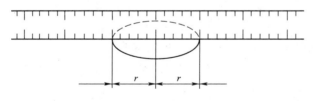

图7-6 确定孔中心

在另一孔上找到孔中心所对应的刻度，这也就是孔中心距读数的终点，如图7-7所示。

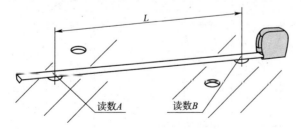

图7-7 孔中心距测量

如图7-7，中心距 L = 读数 B − 读数 A

2）方法二

用钢卷尺测量两个直径相同孔的中心距时，可测量两个孔同侧边缘的距离，以便于读数,如图7-8所示。

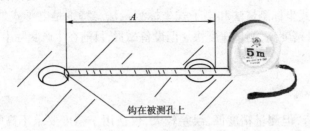

图7-8 用钢卷尺测中心距

用孔的同侧边缘距代替中心距的测量方法也称为同缘测量法。

同缘测量法:当孔的直径相等且孔变形为忽略不计时,可用孔的同侧边缘距代替中心距,即 $A=B$,如图7-9所示。

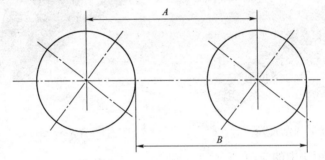

图7-9 同缘测量法测中心距

当两孔的直径不同时,使用同缘测量法测量中心距,需要按图7-10所示的测量方法并进行相应的换算。如图7-10,当在孔的右侧测得边缘距为 B 时,则中心距的计算按下式进行:

$$A = B + (R - r)$$

当在孔的左侧测得边缘距为 C 时,则孔的边缘距计算按下式进行:

$$A = C - (R - r)$$

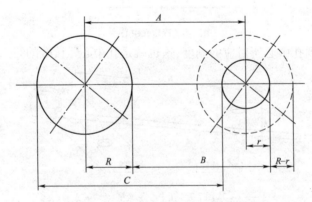

图7-10 孔径不等时的中心距测量

3. 测距尺

当需要测量的两点不在同一平面,或其间有障碍时,钢直尺与钢卷尺就无法使用了。

这时就要用到一种称为测距尺的工具。

测距尺，又称汽车专用测距尺、滑臂式测距尺、滑规式测距尺。其外形与结构如图7-11所示。

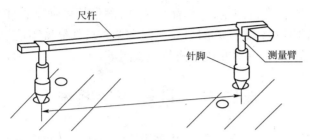

图7-11 测距尺

如图7-11所示，测距尺由两个测量臂、针脚和尺杆组成。测量针脚为圆锥形结构，测距尺配有不同长度范围的测量臂，通过螺纹与测量针脚连接。因此测距尺两端的测量臂长度还可在一定范围内，通过旋转测量针脚进行调整。即使所测两孔不在同一平面且孔径不等，使用专用测距尺亦可直接测量出两孔的中心距，如图7-12所示。

如图7-12所示，当所测量的两个孔不在同一平面时，应将一侧测量臂的长度作调整，使尺杆平行于被测平面，这样得到的中心距才准确。

当被测孔的直径大于针脚直径时，针脚的锥面无法实现自动定心，则不能将针脚直接放在孔里进行测量了，否则得到的中心距有较大的偏差。如图7-13所示，较大孔的测量宜采用同缘测量法。当孔太浅时，针脚的锥面也无法实现自动定心，也只能采用同缘测量法。

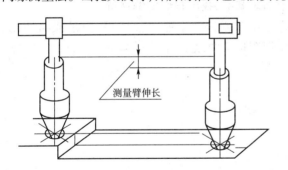

图7-12 测距尺测量中心距

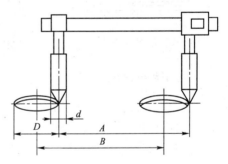

图7-13 测量较大孔的同缘测量法

当使用测距尺时，必须注意下列各项要点：

（1）测量点应为车辆上的装配点，例如螺栓、螺塞或孔；或技术文件上标明的测量点。

（2）点到点的测量，应分清是测量两点间的中心线间距，还是测量两点间距离，这是两个不同的概念，特别是在两点不在同一个平面上时。如图7-14所示，A为两孔中心线距离；B为两孔间距。

图7-14中，三个尺寸A、B、C间的关

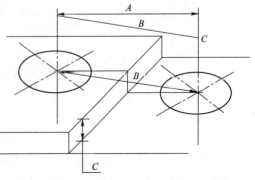

图7-14 孔中心距A与孔间距B

系,符合勾股定理,并按勾股定理进行计算。

(3)测量时,测距尺尺面应与汽车的某个测量基准平行,如图7-12所示。这可能出现两侧针脚应该设置成不同的长度。

采用钢卷尺、测距尺进行测量,操作简单方便,测量精度通常也能达到维修的要求。但在测量车身整体的不太明显的变形时,钢卷尺和测距尺就显得不适用了。这时,我们需要采用量规测量系统对车身整体的变形进行检查测量。

课题二　量规测量系统

车身的许多变形尤其是综合性变形,用测距法测量往往体现得不十分明显,所反映出的问题也不够直观。当车身或车架上的某些结构的对称度发生变化时,很难用测距法对变形作出准确的诊断。如果使用定中规进行测量,就可以比较好地解决这类测量问题。图7-15所示为使用定中规对车身进行测量。定中规,又称为中心量规。

一、定中规测量法

定中规测量法:就是在控制点基准孔中悬挂定中规,通过观察定中规之间相对位置来判断车身的变形。

定中规测量的原理:找到车辆的基准面、中心面和零点平面等基准,找出它们的偏移量。

定中规在测量中不能单独使用,而是成组使用。在定中规测量法中,通常会使用至少3只以上定中规。

图7-15　定中规测量法

二、定中规的组成

定中规有多种类型,常使用的类型有三大类:刻尺平行杆式、吊杆式和吊链式。

1. 刻尺平行杆式定中规

图7-16所示为刻尺平行杆式定中规的组成。

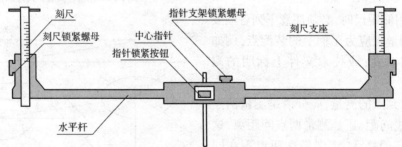

图7-16　刻尺平行杆式定中规的组成

刻尺平行杆式定中规的特点是:两端的吊杆上有尺寸刻度;水平杆上也有尺寸刻度,这就给此种定中规的使用带来方便。但此种定中规购置成本较高。此类定中规简化的结构如图 7-17 所示。

简化的平行杆式定中规吊杆与平行尺上都没有尺寸刻度,需要用其他量具来测量吊杆长度,给使用带来不便。但这种定中规结构简单、实用,适合生产企业自制使用。

2. 吊杆式定中规

图 7-18 所示为使用广泛的吊杆式定中规的组成。

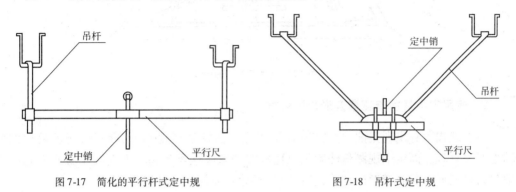

图 7-17　简化的平行杆式定中规　　　　图 7-18　吊杆式定中规

3. 吊链式定中规

图 7-19 所示为吊链式定中规的结构组成。吊链上的钩用于把定中规悬挂于车身上。垂链的作用是观察平行尺是否处于水平位置。

上述三种类型的定中规在结构上并无本质的不同,都是由定中销(中心指针)、平行尺、吊杆或吊链三大主要部件组成。

三、定中规的检查测量方式

定中规用于车身变形检查测量,对于轿车有两种使用方法:一种是车身底部悬挂检查法;另一种是车舱顶部悬挂检查法。

1. 车底悬挂检查法

如图 7-20 所示,一组 3 只刻尺平行杆式定中规悬挂于车身底部,对车身变形进行检查测量。

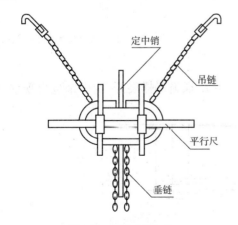

图 7-19　吊链式定中规　　　　图 7-20　整车底部上的定中规检查法

2. 车舱顶部悬挂检查法

图 7-21 所示为刻尺平行杆式定中规在车舱顶部安置进行的检测。

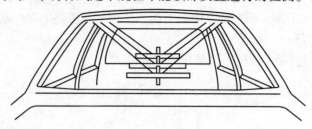

图 7-21　车舱内进行的检测

四、使用定中规检查测量变形与评价方法

当承载式车身出现扭曲、弯曲变形时,用测距法往往显得不十分明显,所反映出的问题也不够直观。而定中规测量法就可以比较好的解决这类问题。下面以车身底部悬挂定中规测量变形以及对变形的评价进行介绍,车舱内的检查测量与此相同。

1. 车身正常的情况

当车身处于正常状态时,定中规(至少3只)的中心销应该在汽车纵向中心平面内,所有定中规的尺面应该在同一平面内且与基准水平面平行,如图 7-22 所示。

检查时,头部正对定中销,视线与水平面大致平行,视线高度以第一个定中规平行尺为准,且离第一个定中规距离大于 1m,从前向后或从后向前观看。如果此时车身状态完好无变形,则所有的定中销在一条直线上(在汽车纵向中心平面内);所有的平行尺在一个平面上,且与基准水平面平行。因为视角的关系,车身正常时的检测状态也可以是图 7-23 所示的样子。

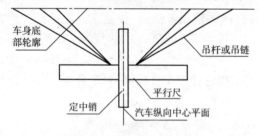

图 7-22　车身正常时的测量状态

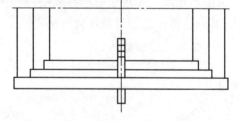

图 7-23　平行尺式定中规检查测量正常车身

2. 车身扭曲变形的检查

当车身存在扭曲变形时,所观察到的平行尺将出现扇形样展开,定中销也出现扇形样展开。如图 7-24 所示。

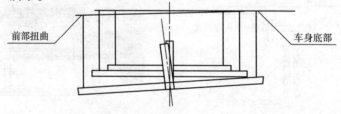

图 7-24　定中规检测车身扭曲变形

3. 车身在垂直方向上的弯曲变形的检查

当车身出现垂直方向上的弯曲变形时,定中规平行尺的尺面间将出现较大的高低错落现象,如图7-25所示。

如图7-25所示,车身后部定中规平行尺的尺面明显与前两个平行尺尺面出现较大的高度差,这说明,车身后部出现了向上的弯曲变形。

用定中规检查车身在垂直方向上的弯曲时,吊杆或吊链长度需要按车身尺寸图上的参数调定,否则将会得出错误结论。

4. 水平面上的弯曲

当车身出现水平面上的弯曲,前面或后面的中心销将不在中心平面上,在观察者看来,其中一个或两个中心销与其他中心销出现了水平面上的平移,如图7-26所示。

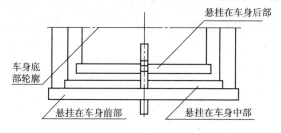

图7-25 车身垂直方向上的弯曲检查

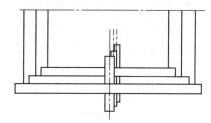

图7-26 车身在水平面上的弯曲检查

如图7-27所示,在观察者看来,定中销向右平移了,这实际上是车身尾部相对车前部出现的向右的水平弯曲。

当车身出现复合变形时,如车身上同时存在弯曲与扭曲变形,这时定中规平行尺与定中销的状态会表现出弯曲与扭曲、水平弯曲与垂直弯曲的复合状态。图7-27所示为水平弯曲与垂直方向弯曲的复合变形。图中定中销的平移,表明车身有水平弯曲。后部定中规平行尺面与前部中部相比有较大的错落,表明车身有垂直方向上的弯曲。如果平行尺面、定中销还出现扇形样展开,那就表明车身还有扭曲变形。

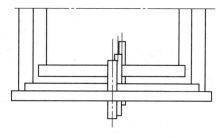

图7-27 水平弯曲与垂直方向上的弯曲

五、定中规使用注意事项

使用定中规进行检查测量,要得出结论似乎很简单。但定中规使用的关键却在第一步:定中规的安装设置。定中规的安装设置不当,会使检查测量失准,继而得出错误的结论。

1. 间距的选择

定中规检查测量法,使用的是一组定中规,通常是3只以上定中规。要想得到准确直观的结论,应尽可能拉大定中规前后间距。一组定中规只集中在车辆的前部或后部进行测量,因为间距太小,程度不大的变形是不易检查出来的。

2. 悬挂点的选择

悬挂点的选择直接影响到检查的准确性。

(1) 当两个悬挂点不在同一水平面上时，应该调整吊杆的长度，使尺面与基准水平面平行，如图7-28所示。

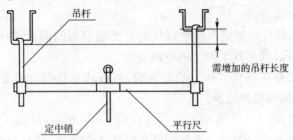

图7-28　悬挂点不在同一水平面上的吊杆调整

(2) 当悬挂点相对汽车纵向中心面左右不对称时，如使用平行杆式定中规，如果不能把定中销的位置调整到汽车纵向中心平面上，则不能用于检查测量车身的水平弯曲变形，如图7-29所示。

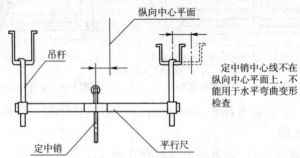

图7-29　悬挂点不对称

但吊链式、吊杆式定中规可以采用调整吊链、吊杆长度的办法解决不对称的问题，如图7-30所示。

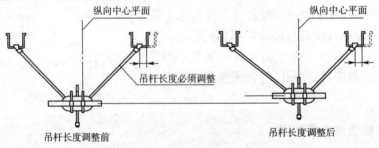

图7-30　吊杆长度调整解决不对称问题

(3) 悬挂高度的确定。悬挂高度是一个很关键的问题，特别是车身有垂直方向上的弯曲时，悬挂高度是否正确决定了检查的准确性。而认为定中规的安置就是要把平行尺调整到同一平面上的做法是完全错误的。这么做，根本检查不出车身在垂直方向上的弯曲变形。

在一辆尾部向上弯曲变形的车身上悬挂的一组定中规，如图7-31所示。图中，除前后纵梁上的悬挂点外，其余悬挂点在车身底部的地板纵梁上。当车身尾部出现高度方向上的弯曲变形时，后部的定中规平行尺将高于基准水平面。在纵向观察，则是一组定中规的平行尺面出现高低错落现象。

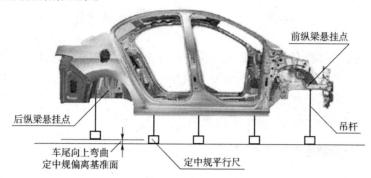

图 7-31　定中规的设置

悬挂高度由吊杆或吊链长度决定。而吊杆或吊链长度的确定必须根据维修手册中车身尺寸图中提供的数据为准。在车身尺寸图中，标出了每一个控制点到某一水平基准面的距离。定中规吊杆或吊链长度的确定，应该以尺寸图上控制点的高度尺寸为依据，使平行尺的上尺面或下尺面距控制点的距离符合图中的尺寸要求。这样，在车身无变形时，尽管悬挂点可能不在同一个平面上，但一组定中规的平行尺面都是在同一个平面内。如果车身有高度方向上的变形，则平行尺面就会偏离这个平面。

如图 7-32 所示，1 号定中规应调整吊杆长度使下尺面距悬挂点为 403mm；2、3、4 号定中规的悬挂高度为 380mm，5 号定中规则应调整吊杆高度使下尺面距悬挂点距离为 536mm。

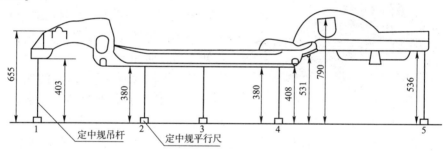

图 7-32　定中规的悬挂高度

（4）关于悬挂点的选择。悬挂点，一般应以结构上的基准孔为优选对象，特别是车身底部纵横梁上的孔。并注意检查基准孔有无变形。如果有变形，则应先行修理。如图 7-33 所示，凹陷的孔不能使用，应先进行修理。

通常轿车的车身外形是由多曲面组合而成的。对这些曲面变形后的测量，定中规测量法就显得不适用了。这时，我们可以采用坐标测量法。完好的车身，其表面在三维空间中都有确定的坐标值。坐标测量法，通过机械或电子的测量系统，快速测量车身表面各点的坐标值，通过与标准值的对比，可以定量测出变形量。

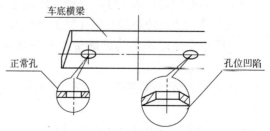

图 7-33　定中规悬挂用孔的检查

课题三 坐标式测量系统

轿车车身是由多曲面外形构成的。轿车车身壳体的变形,采用测距法和定中规检测法,都只能进行定性判断。而坐标法则能有效应对多曲面的车身壳体测量,并能定量测出变形量,给车身变形校正作业带来方便。

坐标测量系统有机械式和电子式两大类。

一、机械式通用测量系统简介

目前在国内应用最广的车身测量系统是机械式测量系统。它的特点在于使用机械的标尺和它们的组合,采用与车身直接接触的方式测出车身上控制点之间的相对距离。它根据自身结构和使用范围的不同,又可分为专用测量系统和通用测量系统。

图7-34 所示为机械通用测量系统。

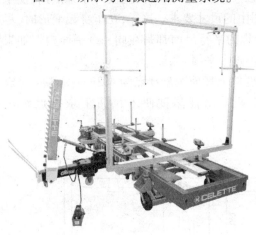

图7-34 机械通用测量系统

机械通用测量系统,"通用"是指可用于多种车型的测量,区别于仅用于某一种车型的"专用"测量系统。图7-34中竖立的方框是测量支架,这种系统又称为"门式"测量系统。支架上面有4只测量指针。通过移动支架与测量指针可在支架与指针的刻度尺上读出车身某一截面上控制点的位置尺寸,通过与车身尺寸图上的数据作对比,可精确得知变形方向和大小。

对于机械式测量系统,它的测量精度达到±1~±1.5mm 才能作为一个合格的车身测量工具。

在测量时,首先建立起车辆和测量系统的基准,在测量桥或测量架上安装好横尺,将测量头安装在横尺上,就可以同时测量受损车辆上的多个基准点。

图7-35 所示为较为简单的双柱式机械通用测量系统。图中车身两侧的白色立柱为测量支柱,上面安装有测量指针。通过移动立柱与指针,可以在立柱与指针的刻度尺上读出车身某一截面控制点的尺寸。这种系统还带有车身变形校正装置,能进行车身的修复作业。这类系统能方便地进行维修校正与检测的交替作业。

在生产中使用较多的是测量与变形修复校正功能组合起来的综合系统,如图7-36所示。

图7-37 所示为正在进行车身变形测量与校正的情景。图中的数字是测量系统部件的代号。

机械式测量系统是目前在车身修复中被广泛使用的测量系统,它价格低廉、测量直观、测量精度能满足车身维修的要求。但它技术含量不高,测量工序较多,使用起来也较复杂。随着技术的进步与维修要求的提高,电子测量系统开始出现。

项目七 机械式车身测量系统

图7-35 双柱式机械通用测量与校正系统

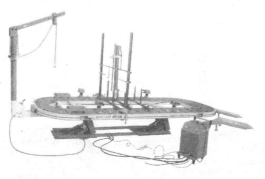

图7-36 车身测量与校正综合系统

二、电子测量系统简介

电子测量系统使用计算机和专门的电子传感器来迅速、便捷地测量车身结构的损坏情况,性能好的电子测量系统能够在车身拉伸校正过程中给出实时的测量数据。在测量系统计算机的数据库中,储存了大量的不同厂家、不同年代的车身数据,这些标准车身数据图可以随时被调出。系统就可以自动地将实际的测量值与标准值进行比较,不用再去人工翻查印刷数据手册或记录测量值,它们都可以在计算机屏幕上显示出来。图7-38所示为全自动电子测量系统对车身的测量。

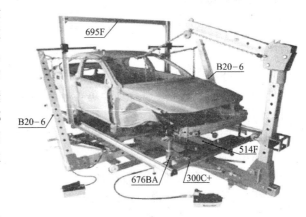

图7-37 正在进行测量与车身修复

1. 电子测量系统的类型

现有的电子测量系统有超声波式、激光式两大类。

1)激光测量系统

激光测量系统包括反射靶、一个激光发射接收器和一台计算机。现代激光测量系统使用起来相对比较容易而且非常精确。它采用激光测量技术,由两个准分子激光发射器发射激光投射到标靶,每个标靶上有不同的反射光栅,通过接收光栅反射的激光束测量出数据并传输给计算机,由计算机通过计算可以得到测量点的空间三维尺寸。

2)超声波测量系统

全自动电子测量系统中,目前应用最广泛的一种是超声波测量系统,它的测量精度可以达到±1mm以下,测量稳定、精确,可以瞬时测量,操作简便、高效。可以对车辆的预检、维修中测量和维修后检验等工作提供有效的帮助,现在也用在一些二手车辆交易中的车身检验工作。

超声波测量系统由超声波发生器、超声波接收器、控制柜(包括计算机,也称主机)及各种测量头,如图7-39所示。

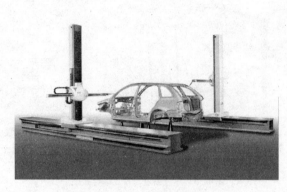
图 7-38　全自动测量系统

图 7-39　超声波测量系统

全自动电子测量系统,在汽车维修行业使用还不多,主要用于汽车制造业。随着汽车社会保有量的提高与汽车维修行业的发展,全自动电子测量系统的使用会越来越广泛。

三、作业与练习

(1)什么是同缘测量法?孔径不等时的中心距测量,用同缘法测量应该怎么进行计算?

(2)使用定中规测量,是如何进行车身变形评价的?

(3)测量实习:就车练习各种测量工具的正确使用,对照车身数据图,进行车身的实际测量,并写出测量报告。

测量报告应该包括如下内容:

①测量工具。

②测量部位,应该画出简图表示。

③测量数据对比,并说明差异原因。

项目八　碰撞损伤的检验与测量

学习目标

完成本单元学习后,你应能:
1. 知道汽车碰撞损伤的分区;
2. 知道汽车碰撞损伤分区检验步骤;
3. 知道汽车各碰撞损伤区的检验与测量方法;
4. 具备初步的检验测量知识与技能。

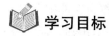建议课时:12课时。

汽车碰撞损伤的维修过程通常包括:检查并拆解因碰撞直接损伤的外露件;检查与测量因碰撞而导致车身上明显或不明显的变形;校正车身结构的各种变形;更换或维修受到损伤的车身覆盖件或构件。因此,钣金技师必须懂得检查、测量、分析车身的损坏程度,并且能按技术要求提出合理的维修方案。只有对碰撞受损情况作出准确的诊断,确定损伤部位、范围和严重程度之后,方可制订出合理的修复工艺。

课题一　碰撞损伤分区

一、碰撞损伤分区

在进行车辆碰撞损伤诊断分析时,常将车身分成多个区域,逐一进行检验诊断。不同的区域采用不同的方法,以使碰撞损伤的检验与测量能有序的进行,防止产生混乱和遗漏,这就是碰撞损伤分区。通常将汽车分为以下5个区域。

1. 区域一

区域一为直接碰撞损伤区,又称为一次损伤区。是指汽车在碰撞事故中受撞击而直接损坏的区域。

损伤特征:车身以外的物体直接冲击车身,并于碰撞接触点上形成以变形、撕裂、破碎为主要形态的损坏。

如图8-1所示,该车辆被追尾撞击,行李舱盖、后风窗玻璃、后保险杠因直接承受碰撞力出现严重凹陷、变形和破裂,尾灯也因直接碰撞损坏。此部分即为直接碰撞损伤区,或称为一次损伤区。

2. 区域二

区域二为间接损伤区,又称为二次损伤区。是指碰撞冲击力作用在车身上,冲击力在传递过程中对车身构件所造的损伤。如图8-1所示,后车门并没有承受直接的撞击,但也出现严重的变形,属于碰撞后的间接损伤。

损伤特征:在冲击力的传递路径上形成以弯曲、扭曲、剪切、皱褶为主要形态的损坏。

3. 区域三

区域三为机械损伤区,又称为惯性损伤区。是指汽车运动状态发生急剧变化,由强大惯性力作用而导致的损伤。汽车碰撞或紧急制动时,车辆突然停止或具有突然停止的趋势,装配于车身上的发动机、底盘各总成件和载运的人员及货物等惯性质量还在向前运动。各总成件、人员及货物的惯性力全部作用到固定点和支撑构件上,毗邻金属构件可能发生皱褶、撕裂、断裂或开焊。总成件的惯性运动还可能造成与结构件间的碰撞而造成变形、破裂等损伤。

图8-1 直接碰撞损伤区

损伤特征:各总成件之间、总成件与车身之间的撞伤;装配连接处的拉断、撕裂;结构件的变形等。

4. 区域四

区域四为乘员舱区,即车厢内的各种零部件的损坏,包括仪表板、灯、附件、控制装置、座椅、操纵装置和装饰件等。

损伤特征:乘员舱区的损伤属间接损伤或惯性损伤。

5. 区域五

区域五为外饰和漆面区,即车身外饰件,如车灯、外后视镜、风窗玻璃刮水器、车身外部的装饰条等的损坏;车身外表油漆表面的损伤。

损伤特征:属直接损伤或间接损伤。

二、车身碰撞损伤分区检验步骤

当使用分区的概念进行检验时,应按下列步骤进行:

(1)检查应从车前到车后(在追尾碰撞的情况下,则是从车后到车前)。

(2)检查应从车外到车里。

(3)检查应按分区的顺序进行。

碰撞损伤分区划分出不同的损伤形态与特征。对于不同损伤区域的损伤检验与测量,要根据各区损伤形态与特征采用不同的方法,有针对性地进行,以提高检验与测量的准确性与工作效率。

课题二 碰撞损伤的检验与测量

一、区域一(一次损伤区)的检验与测量

一次损伤区域是汽车碰撞事故的直接接触部分,由于车辆结构、碰撞力和角度以及其他因素的差异,一次损坏区域是多种多样的。如图 8-2 所示,一次损坏区为汽车碰撞后车身上明确的、可见的损坏部分。

该区域损伤的检验方法:检视与拆检。

该区域损伤测量方法:车身一次性损坏是明确可见的,通常不需要进行几何尺寸的测量即可确认损伤。

该区域检验过程:从外到里,从碰撞接触部分开始,按力的传递方向仔细观察并列出损坏件清单。

1. 车身前部的碰撞

在前部碰撞的情况下,检查区域所包括的范围是:保险杠与支架(也称为下横梁);散热器格栅与前上下横梁(俗称龙门架);发动机罩、锁板与铰链;左右翼子板与内衬(又称为上边纵梁、有的车还有下边纵梁;有的车此梁与挡泥板融为一体);左右前纵梁;前围横梁与前围板、A 柱等。

图 8-2　前部碰撞一次损伤区

图 8-3 所示为运动型轿车车身前部的结构组成,它比一般轿车的前部结构要复杂,但这种复杂结构是在普通轿车前部基本结构的基础上加强而成。

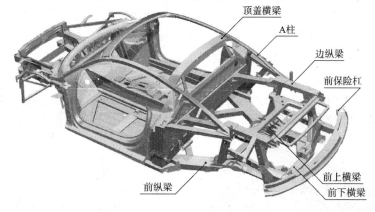

图 8-3　轿车车身前部结构

严重的前部碰撞事故对汽车冷却系统主要零部件的损伤是致命性的。在前部碰撞中易受损的冷却系统零部件有:散热器、水泵、风扇、软管、风扇罩、散热器支架等。如果发动机散热器损坏,空调系统的散热器(冷凝器)也无法幸免。

2. 车身后部的碰撞

车身后部的结构与组成比前部要简单,其组成与名称如图 8-4 所示。

在后部碰撞的情况下,检查区域应包括的范围是:后保险杠及后横梁(又称后保险杠支架)、后翼子板、行李舱盖、车灯、后风窗玻璃、C 柱、后纵梁,后悬架系统、后

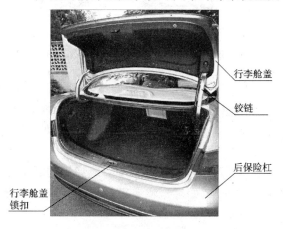

图 8-4　车身后部行李舱组成与名称

车桥、后制动管路、燃油箱等。后部结构件名称与位置如图8-5所示。

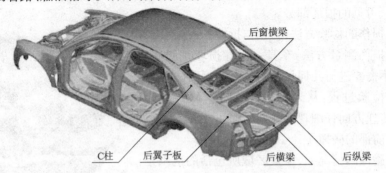

图8-5 车身后部结构

3. 车身侧面的碰撞

如果碰撞点在车辆侧面,应注意车门、车顶盖、车门玻璃、B柱、门槛梁、地板、地板横梁等构件的检查。在列出外板损坏之后,举升车辆,检查车底板、总成系统,例如发动机变速器组件托架、结构支撑件、纵梁等处的损坏。还应注意,车底部安装在地板上的制动油管、燃油管是否有弯折、挤压等情况,若有,必须更换。车身侧面碰撞后的状态,如图8-6所示。

如果侧面碰撞出现在前、后轮处,毫无疑问,汽车的悬架系统将受损:车轮被推向内侧并导致悬架横移,轮距、轴距、前轮定位参数等也随之改变。应先拆除车轮,拆下受损的悬架柱等部件,检查与车身连接处的损伤情况。必要时换新悬架系统组件,使用四轮定位检查确认车身的变形情况。

前部的侧面碰撞,可能还会影响到转向系统部件,使转向横拉杆、转向器受损。悬架系统与车身的安装位置,如图8-7所示。图中为两种不同结构悬架的示意图。

图8-6 侧面碰撞直接损伤区

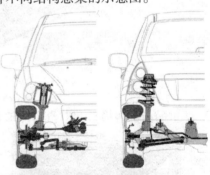

图8-7 悬架系统与车身安装位置

4. 车底的检查

不管哪种碰撞情况,都应检查发动机—变速器组件与车身的连接处有无变形损坏;检查车身底部板件、纵梁、横梁、地板、门槛梁有无变形损坏。车身地板结构俯视图如图8-8所示,车身底部结构仰视图如图8-9所示。

检查损坏区域时,注意检查裂痕、边缘损坏、点焊开裂、变形等各项。应特别注意车身骨架组成结构件。因为车身强度依赖于整体结构,所以如果车辆要继续使用并恢复到初始状态,则所有小裂痕、撕裂或开焊都必须予以修理。

5. 缓冲吸能结构的检查

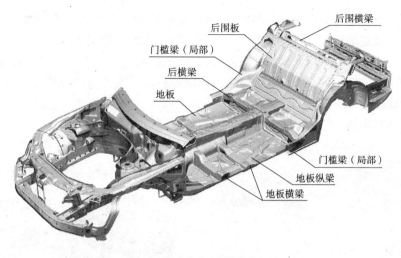

图 8-8　轿车车身地板结构俯视图

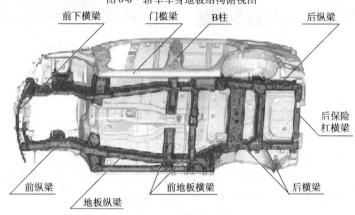

图 8-9　轿车车身底部结构仰视图

现代轿车车身结构中,都有专门为吸收冲击能量而设计的特殊结构,如,前部纵梁采用前细后粗、横向弯曲结构,有些前纵梁上还开有特制的缺口或皱褶,车辆后部也有类似结构。在前、后部碰撞且力度足够大的情况下,这些结构必然出现变形损坏。如图 8-10 所示,图中圆圈所标示的即为碰撞能量的吸收结构位置,箭头表示碰撞力及其传递路径。

作为车身设计上的安全性对策之一,在轿车的前后车身构件上设置具有衰减冲击能量的结构,可使车身在严重的碰撞事故中,首先以其自身的变形来吸收大部分撞击能量,从而达到了对乘客安全保护的目的。这种车身部分构件的变形又称之为结构性损伤。在诊断过

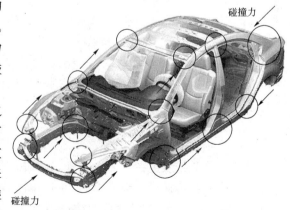

图 8-10　碰撞力传递路径与能量吸收区域

程中,应特别注意这种变形的规律与特征,以便审慎地制订合理的维修方案。一种前保险杠横梁处的"皱褶管压溃吸能结构"如图 8-11 所示,是由两件组焊而成的方形管状结构,前小后大,管件上压有特制的皱褶。管状件前端是保险杠支架梁,管状件后端管座用螺栓与下横梁连接。当汽车遭受足够大的撞击时,管状件压溃变形而吸收冲击能量。

有试验证明,在车身前部设置的缓冲结构,在汽车正面碰撞时(车速为 50km/h),可以使前车身压缩 30%~40%,而乘客室仅收缩 1%~2%。

图 8-12 所示为车内安放有为检验安全气囊和安全带效果用的"仿真人体"。

图 8-11　前保险杠横梁压溃吸能结构

图 8-12　前部碰撞试验后状态

注意:结构性损伤区只允许进行校正修复或更换新件,不得进行随意加固。否则车身在碰撞中将失去这种以自身变形吸收碰撞能量的能力,从而加大了传递到乘客舱的冲击能量,这就可能危及乘员的人身安全。

一次性损伤如果包括悬架系统与悬架在车身上的安装孔,则损伤的检验、修复与竣工检查都必须要借助四轮定位参数检测来进行,这是因为:

(1)初检中使用四轮定位检测是为了确定与车轮定位相关的损伤部位和损伤程度。

(2)修复中进行四轮定位检测是为了控制修复进程和修复精度。

(3)车身修复竣工后进行四轮定位检测是为了检查确定修复效果。

否则,汽车维修出厂后因行驶稳定性、操纵稳定性等状况不良的返修将不可避免。

前部车身的精度对汽车前轮定位有直接影响,所以,在对前部车身进行维修后,进行车轮定位检测是非常必要的。

四轮定位参数的准确性,直接影响汽车行驶的舒适性、直线行驶稳定性和车轮工作可靠性和安全性,还关系到汽车操纵的稳定性。

车身维修不仅仅要恢复汽车的外貌,更重要的是要恢复车身作为各总成安装基础所保证的技术参数,这是恢复汽车各项性能所必需的。

二、区域二(二次损伤区)的检验与测量

1. 二次损伤的定义

二次损伤是指发生在区域一之外,并离碰撞点有一段距离的损坏。二次损坏是在碰撞力向汽车车身传递过程中形成的,并且碰撞能量也在这个传递过程中被车身结构件的变形、破裂而吸收掉。这些因吸收能量而变形、破裂的零部件就构成了二次损伤区。如果碰撞力足够大,则汽车车身的所有结构件都会受到影响。如图 8-13 所示,在前部碰撞的情形下,小圆区域表示碰撞点,大圆区域表示直接碰撞损伤区,大圆以外的椭圆区域表示直

接碰撞损伤的波及区,即间接损伤区,又称为二次损伤区。

2. 二次损伤的特点

(1)二次损伤的范围与损坏程度取决于碰撞力的大小和作用方向,也与传递碰撞力的结构件的强度有关。

(2)二次损伤还可由安装于车身上的发动机与传动系统部件的惯性力造成。由于车辆因碰撞突然停止,机械零部件的惯性力全部作用到固定和支撑构件上,导致这部分结构件发生皱褶、撕裂或开焊。因此,必须注意检查悬架、车桥、发动机和变速器安装部位。

(3)二次损伤有时不容易发现,其诊断与检验依赖于测量。

知识链接:

一辆满载乘客的城市公交车,驾驶人在紧急制动的同时,遭受另一车辆的侧面撞击。从外表看,碰撞并不算很严重,公交车侧面凹陷较深,车内仅有少数人轻伤。奇怪的是:大客车风窗玻璃却发生碎裂。前风窗玻璃远离碰撞点,却发生损坏,这是为什么?

这是典型的二次损伤现象:碰撞虽不严重,大客车仅侧面凹陷。但凹陷处板件的牵拉作用导致大客车车身骨架产生变形致使窗框产生变形。另外,紧急制动时,使站立的乘客紧拉扶手、吊环以阻止身体因惯性前扑。惯性力通过扶手杆传递到车身致使前部车身发生变形,更加重了窗框的变形,最终导致呈曲面的风窗玻璃碎裂。惯性力之大,致使客车内手腕粗的扶手杆都发生了弯曲,这是一般人感觉难以想象的。

3. 二次损伤的标志

二次损伤常见标志有:车身覆盖件发生皱折,车门与门框变形致使间隙变大,板件接口处撕裂及焊接处开裂;天窗因车顶变形而无法开启或关闭。行李舱盖与框的间隙变得不均匀。图8-14所示为剧烈的前部碰撞所产生的二次损伤,其范围和程度都是很严重的。

图8-14所示的二次损伤区:因剧烈的前部碰撞,导致前部车身压溃,强大冲击力的传递使A柱与门槛梁的连接处已经断裂,门槛梁出现弯折。地板与地板纵梁出现弯折与皱褶。

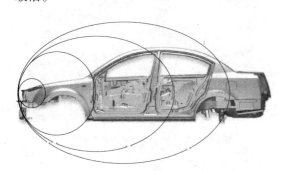

图8-13 碰撞间接损伤区

图8-14 二次损伤区

4. 二次损伤的检验

1)前部碰撞

检查前风窗玻璃立柱(又称A柱,如图8-15所示)是否有变形,左右前门与门框间的间隙是否发生改变而变得不均匀。比较左右两侧,以判定损伤的程度。

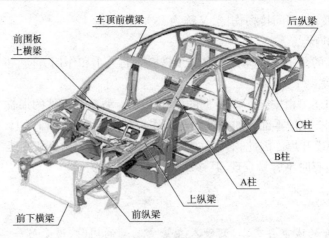

图 8-15　车身"三柱"

合上发动机罩后,进行下述检查:

(1) 是否完全锁牢;

(2) 检查发动机罩与翼子板的间隙,同时检查高度上是否有较大的误差。发动机罩与翼子板如图 8-16 所示。

(3) 打开发动机罩,检查发动机罩锁口是否平稳解脱,发动机罩锁扣钢绳工作是否正常、发动机罩铰链行程是否合适,发动机罩支柱工作是否可靠。

(4) 如果正面碰撞时的着力点与车身纵向中心线形成一定角度,则除了直接损伤和其他二次损伤外,前纵梁的水平弯曲是不可避免的。由此还会引起前车身的整体偏移,使整个车身的纵向中心线弯曲,这将造成前轮定位严重失准;使汽车两侧测量出的前、后桥轴距偏差过大。如图 8-17 所示,车身在碰撞后出现明显的水平弯曲变形。

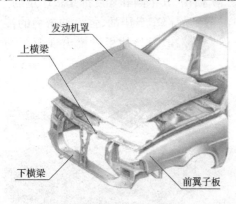

图 8-16　发动机罩与翼子板

图 8-17　车身明显的水平弯曲变形

2) 严重碰撞通常会导致车顶盖发生变形

检查门与门框上部间隙是否变得不均匀,这通常会导致门与门框的密封不良,下雨时会出现漏水。如果有天窗,检查天窗开启和关闭是否正常,如果有卡滞,则说明车顶变形,应予以校正修复。车身顶盖和天窗如图 8-18 所示。图中显示的是一种轿车的全景式天窗,天窗可水平向后移动打开,也可向上打开。

对车门及门框进行如下检查:

(1)检查门开闭时对其他部位有无挂碰,从开打直至停下应运转自如,门铰链工作状况良好,闭合时应能可靠的锁紧,闭合后立缝间隙应符合要求。

(2)升起、降下门玻璃时,应无异响,不发卡,无过重现象。

3)对行李舱进行如下检查

(1)开闭动作是否圆滑;锁紧机构是否正常。

(2)铰链是否松旷;闭合时行李舱盖与后翼子板的间隙与高度是否符合要求。

严重碰撞还会致使车身发生扭曲变形和弯曲变形,这时必须采用定中规测量法来检查与确认扭曲变形的程度,检查弯曲变形的方向。

4)侧面碰撞

通常会使车身另一侧的中间门柱(又称为B柱,如图8-15所示)发生变形,这时也须检查门与门框的间隙,以判定变形是否发生。

还应注意,车底部安装在地板上的制动油管、燃油管是否有弯折、挤压等情况,若有,必须更换,这常常是容易忽略的地方。

5)后部碰撞

通常会使后风窗玻璃立柱(又称为C柱,如图8-15所示)发生变形,这时须检查后门与门框的配合,如果间隙发生改变,即可判定变形已经发生。

6)需要特别说明

较为严重的后部碰撞,必须拆检燃油箱,防止燃油箱因挤压受损,以拒绝隐患的存在。

7)四轮定位检查

四轮定位检查是检验车身二次损伤的一个重要且有效的方法。四个车轮通过悬架与车身相连接。车身与悬架相连接处的变形,必然导致四轮定位参数中某些参数的改变。车轮定位参数中的主销内倾、主销后倾失准并超过调整限度;前后轮距失准、左右侧轴距相差过大,通常预示着车身与悬架关联处的变形过大。而前轮前束的改变,则说明转向系统传动机构与其在车身上的安装部位发生了变形。四轮定位检查如图8-19所示。

图8-18 车身顶盖和天窗

图8-19 四轮定位检查

发动机、变速器、悬架、车桥直接装配在车身上,作为基础安装件的车身的变形,都会影响到诸如转向系统和行驶性的性能,甚至导致转向失准、发动机振动加大、传动系噪声过大、稳定性恶化以及运动件磨损加剧。

知识链接：

关于四轮定位

为了特定的目的，现代轿车四个车轮并非完全垂直于地面，其旋转平面并非完全是左右平行的，转向轮在偏转时的偏转中心线也并非是完全垂直于地面的。现代轿车的四个车轮有特定的定位参数要求。车轮定位参数有车轮前束、车轮外倾、主销后倾、主销内倾、推力角等。其主要作用有：保持汽车直线行驶稳定性、汽车转向行驶后转向盘的自动回正性、操纵的稳定性、车轮工作的安全性与可靠性等。

想一想：自行车的前轮叉为什么要做成向后倾斜的？

5. 二次损伤的测量

1）测量方式与测量器具

（1）测距法。测量工具：钢卷尺、滑臂式测距尺。

（2）定中规测量法。测量工具：吊杆式或吊链式定中规。

（3）四轮定位检查法。测量工具：各类光电式四轮定位仪。

（4）台架式三坐标测量法。又分为普通机械式和电子式两大类。测量工具：各类机械式或电子式三坐标测量仪。其中，测距法应用最为简单与方便，在生产实践中运用广泛；定中规测量法在要求较高的维修中常有使用。台架式三坐标测量法因设备价格高昂、使用复杂，在生产实践中使用较少。

2）车身前部的测量

当需要检验前部车身的二次损伤时，应测量前部钣金件的尺寸以确定变形的程度。即使车身只有一侧受到碰撞，另一侧通常也会发生变形。前悬架的安装点就在前部车身上，此安装点的变形和移位将严重影响汽车的行驶性能。因此，必须检查前部车身变形的程度。图8-20给出了车身前部结构的主要测量控制点。各尺寸可通过与同类车型对比取得或通过维修手册查得。

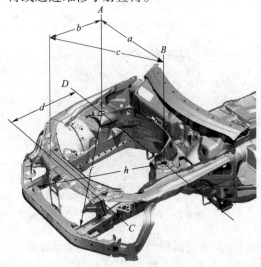

图8-20　车身前部的测量

如图8-20所示，测量前确认车身上的前悬架柱安装孔无损伤。

借助四轮定位检查，通过主销后倾角、主销内倾角及轮距、轴距这几个参数能准确得知前、后悬架安装孔的位置是否正确，悬架组件是否正常；帮助判断出前部、中部车身变形对轮距、轴距的影响。

如图8-20所示，测量前悬架柱安装孔间距尺寸 a，并与维修手册上的标准尺寸对比或与同类车型作对比，确认 a 尺寸是否正确；若不正确，要先行修理。

在前横梁上两端找到两个对称的孔（两孔中心连线 C）；测量出 C 线与悬架柱安装孔中心线 D 之间的距离 d，通过与维修手册上的标准尺寸对比,或与同类车型作对比,可以检查出前部纵梁、上边梁的变形,并可通过 d 尺寸控制纵梁的修复过程。如图 8-20 所示,直接测量出尺寸 b,也可达到同样的目的。

尺寸 c 为前悬架安装孔与前横梁上基准孔的对角线,测出另一条对角线长度(图中未画出)并作对比,如果这两个尺寸有较大的差异,则意味着前部车身有类似于矩形变为平行四边形的变形。

注意检查那些对称的尺寸。对称是指测量点相对汽车纵向中心平面是左右对称的。当对两组左右对称的尺寸采用对角线法进行测量时,很容易发现车身是否出现变形。如图 8-20 所示,测量出 h、f 两个对角线尺寸,可以检查出前纵梁的位置是否正确。

当用滑规式测距尺检查汽车前部尺寸时,测量点最好应选在悬架系统的装配点、发动机安装点、后桥(后轮悬架)安装点等。注意使用对角线测量法,以判别车身是否出现类似矩形变为平行四边形的变形。

3)车身侧面的测量

车身侧面结构的任何损坏和变形都能在打开和关闭车门时发现。应注意因变形位置不同而可能出现的漏水问题。因此,一定要采取正确的测量方法。主要用滑规测距尺来测量车身侧板。如图 8-21 所示。

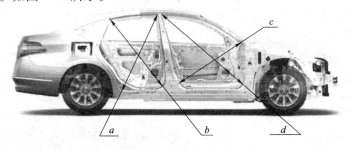

图 8-21　车身侧面的测量

通常车身侧面被撞后,会让前窗框和另一侧面也产生变形,这是由于车顶盖的牵拉作用产生的。往往这种变形不明显,如果不加处理,则会出现漏水现象。应注意进行针对性的测量,主要是对门框进行对角线测量,以确认变形程度。

如图 8-21 所示,测量出 a、b 两个尺寸,并与另一侧的相应尺寸作对比。车身左右侧的相应尺寸应相等,否则说明门框有变形;或许会影响到车门关闭后的密封性。同样,c、d 两个尺寸,车身左右侧相应尺寸应一致。如果左右两侧的对应尺寸均不相同,说明汽车两侧都出现变形,应找到标准尺寸或与同车型正常车辆作对比,以确认变形程度和方向。

如果轿车配有天窗,在侧面碰撞后,通常顶盖会产生变形,影响到天窗的开闭。试着开闭天窗,以确认变形的影响,如果开启与关闭有卡滞现象,那就应当判定为顶盖变形,应加以修理。

4)车身后部的测量

当打开和关闭行李舱盖时,车身后部的任何损坏都可以通过外形和不对称粗略地加以评估。由于变形可能造成漏水,因此必须采用正确的测量方法。此外,后底板的皱褶通常由后边梁扭曲所致。因此,车身下部和车身后部均应测量,这样才能完整、高效地进行校正作业。车身后部的测量如图 8-22 所示。

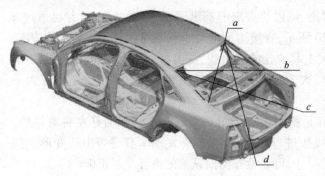

后部车身的变形程度，可通过图 8-22 所示的测量数据来确定。当尺寸 a 和 b、c 和 d 不相等且差距较大时，就表明后车身出现了较大的变形。

应当注意的是：后部车身上的后悬架柱安装点应该作为测量的重点和关键位置控制点。测量前，首先应保障这个位置的准确性。

图 8-22　车身后部的测量

须通过四轮定位测量进行检查确认；如果经四轮定位检查，后轮定位参数出现较大偏差且超出调整范围，并且轴距、轮距也出现偏差，则应先行修理后车身悬架安装部分。经四轮定位检查复核合格后方可进行其他部位的检查测量。（因结构件遮挡，图中未给出后悬架在车身上的安装孔）

5）车身底部的测量

车身底部的测量对判定车身总体的扭曲、弯曲变形非常重要。

车身的扭曲变形、弯曲变形的检查，使用定中规（中心量规）测量法较为直观。这部分的检查通常是在车身壳体局部直接损伤修复完成后进行。

定中规测量法，虽然对判定车身总体的变形程度和变形方向很直观，但测量过程较为烦琐、复杂。这主要是定中规安置点的选择很讲究；每一个定中规吊置高度的确定，常需要按照维修用车身尺寸图进行测量计算，否则会影响结果判定。这也是定中规测量法在实际生产中应用不多的原因。定中规测量法在项目七课题二中有详细介绍，请查看相关内容。

测距法简便易行，检测出一定程度以上的车身变形还是很方便有效的。车身底部的测量如图 8-23 所示。

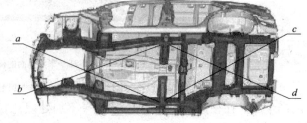

图 8-23　车身底部的测量

如图 8-23 所示，用对角线测量法测量出的 a、b 两个尺寸，应该相等；c、d 两个尺寸也应相等，如果各自相差过大，则说明车身出现了类似于矩形成为平行四边形的变形。

需要说明的是，车身一定程度以上的扭曲变形可以用测距法发现，但车身在垂直方向上的弯曲变形，采用在车身底部用对角线测量法，则不易检查出来。此时应采用测量车身各控制点与水平基准面的距离来确定车身是否在垂直方向上发生弯曲、扭曲变形，如采用定中规测量法。

6）货车车架的变形测量

绝大多数货车采用边梁式车架，碰撞事故将使车架产生垂直方向上的弯曲变形、水平方向上的弯曲变形、菱形变形、扭曲变形、局部变形、纵梁横梁断裂等损伤。

车架在垂直方向和水平上的弯曲变形，可通过测量纵梁表面的直线度来确认。

图 8-24 所示为边梁式车架。

项目八　碰撞损伤的检验与测量

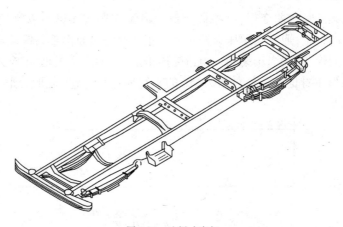

图 8-24　边梁式车架

图 8-25 所示为边梁式车架垂直方向弯曲度的测量示意图。

在纵梁的上平面的两端,拉紧测量绳(线)。如果纵梁有弯曲,即可见到在上平面与测量绳(线)之间出现间隙,测量这个间隙的大小,即可得知弯曲程度,这个数据是纵梁变形校正的根据。

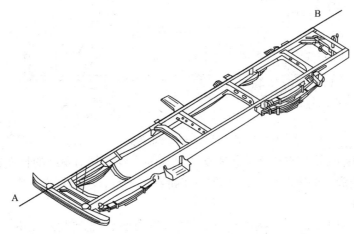

图 8-25　边梁式车架垂直方向上的弯曲测量

测量纵梁水平方向上的弯曲,也可使用此种方法,不过,测量绳(线)是在纵梁的侧面两端拉紧。纵梁侧面与测量绳(线)之间的间隙,即为车架(纵梁)的水平弯曲量。

车架的扭曲,通常应在车架的弯曲变形消除后进行检查。否则将无法进行准确的校正。

将车架放在水平台架上(或水平面上),检查车架四角与基准面的高度,如两端出现一角高一角低的现象,则可判定为车架出现扭曲变形。图 8-26 所示为车架扭曲示意图。

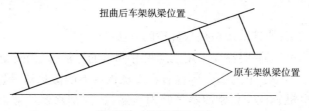

图 8-26　车架扭曲示意图

如果车架纵梁已无弯曲变形,则扭曲变形为横梁变形或横梁与纵梁的位置不正确而产生。扭曲变形的校正,通常采用压力校正或校正横梁连接面再重新铆接或焊接横梁。

车架的菱形变形,是指当车架的一角遭受撞击后,车架产生类似矩形变为平行四边形的变形(当然,矩形本身也是一种对角为90°的平行四边形,产生菱形变形后,对角不再为90°),如图8-27所示。

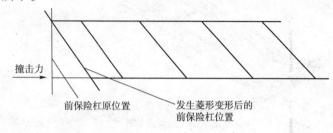

图8-27 车架的菱形变形

菱形变形的测量,通常应在扭曲变形消除后进行。菱形变形,可采用测量车架对角线长度的方法来确认,如图8-28所示。

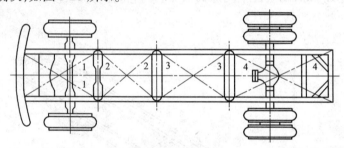

图8-28 菱形变形的测量

如图8-28所示,将车架分成4个区域,分别测量各个区域对角线的长度来确认车架是否产生了菱形变形。车架菱形变形后,前后车桥将不平行,严重时,汽车在行驶时,将会产生行驶跑偏故障。

常见的是车架出现综合性的变形,即是既有弯曲变形,也有扭曲变形,同时还存在菱形变形。如果检查测量时发现车架出现综合性变形,对变形的校正,应按先校扭曲变形,再校弯曲变形,最后校正菱形变形的顺序进行。如果无条件进行车架的整体校正,应采用解体车架,分别对车架纵横梁进行校正,然后经焊接、铆接成形。

三、区域三(机械损伤区)的检验与测量

完成车身一次损坏和二次损坏的检查后,应把注意力集中到区域三:车辆机械零部件的检查。

区域三的损伤检查:通常采用检视与拆检的方法。

区域三的损伤测量:必要时需要采用几何尺寸测量的方法,以判断变形损坏的程度。

(1)如果车辆在正面碰撞中损坏,则检查在发动机罩下的散热器、风扇、液压助力转向泵、空气滤清器、发电机、蓄电池、燃油蒸气吸附炭罐、风窗刮水器储液罐及其他零部件是否已经受损,液体是否有泄漏。检查电气线束是否因碰撞后出现被挤压,做好记录,这里

可能是"久医不决"的疑难故障点。

（2）根据碰撞严重程度，发动机和变速器组件也可能会发生损坏。应启动发动机，并使发动机暖机至正常工作温度。将车辆轮胎举升至离开地面，使发动机在各挡运行，注意是否存在任何不正常的响声。

（3）打开空调并确定是否能正常工作，碰撞冲击力常导致制冷管路接头出现泄漏，使空调系统失去制冷能力。轿车上空调系统的安装如图8-29所示。

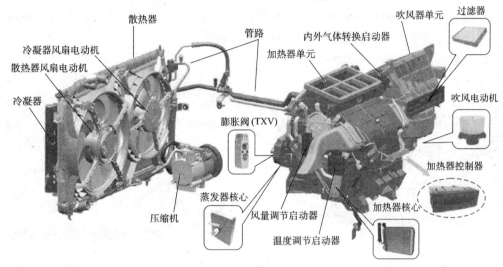

图8-29 空调制冷系统在轿车上的布置

（4）检查仪表板上各种自检指示灯是否通过自检后熄灭。运转发动机，检查机油压力指示是否正常。如果指示灯有长亮不熄的，这通常预示着碰撞后出现的机械及电气故障。

（5）机械损坏有时不是由直接碰撞造成的，而是二次损坏的结果。发动机和变速器均具有很大的质量。在碰撞过程中它们的位移可能会很大，从而造成发动机上的附件与车身结构件发生接触而致变形或损坏。当然，发动机变速器组件与车身的悬挂结构本身也会因强烈碰撞而损坏。

需要指出的是：发动机变速器组件与车身的连接采用弹性结构，碰撞后几乎能回到原始位置，所以，二次损坏有时不会立即引起注意。

（6）在检查发动机罩下的情况后，举升车辆，检视车辆底部是否有明显的汽车工作液泄漏；是否出现发动机、变速器润滑油的泄漏；是否出现制动液的泄漏；是否出现冷却液的泄漏；是否出现动力转向油的泄漏。

（7）检查汽车的操纵装置：转动转向盘将车轮从一侧转到另一侧，检查是否存在卡滞和噪声。检查车轮是否出现偏摆、晃动。启动发动机进行换挡操作，检查离合器操纵、变速器操纵是否顺畅，车身变形、总成装配位置的变化、操纵杆件的变形会使操纵出现卡滞。

（8）用手转动车轮以检查它们是否出现偏摆；检查轮胎是否有切口、划伤。如果车轮有碰撞痕迹，有必要拆下车轮进行动平衡检查，如果偏差很大，则意味着需要更换车轮；通常车轮的严重变形是无法修复的。

（9）在四轮定位检查仪上检测车辆的车轮定位参数。如果有参数出现较大的偏差，通常意味着汽车悬架系统、转向系统与车身可能出现因惯性冲击造成变形。这一步在修理前、修理中和修理后是必须要做的,特别是修理后的四轮定位检查,是车身修复后的竣工检验的重要方式,四轮定位参数对汽车行驶性能有决定性影响。

四、区域四(乘员舱区)的检验与测量

乘员舱损坏可能是碰撞造成的直接结果,例如 A 柱侧面碰撞;严重的前部碰撞也会导致乘员舱内出现二次损伤。乘员舱内的内饰和舱内装置的损坏也可能是由车内乘员或所载物体因惯性造成的。乘员舱内内饰和舱内装置如图 8-30 所示。

乘员舱内的损坏情景如图 8-31 所示。

图 8-30　乘员舱内饰与舱内装置

图 8-31　乘员舱内的损伤

达到一定程度的前部碰撞,将导致前部安全气囊弹出,仪表板也可能会受到波及出现严重变形或断裂。这时需要拆下仪表板,检查仪表板下面的空调蒸发器等部件的损伤情况。

在侧面碰撞的情况下,如果车辆配置有侧面安全气囊,在达到一定碰撞强度下,侧面气囊也会弹出。如图 8-32 所示。

按照规定,安全气囊一旦弹出后,所有的安全气囊相关组件都应换新,包括前部和侧部碰撞传感器、转向盘上的气囊组件、侧部气囊组件、线束等。

安全气囊在转向盘上的安装如图 8-33 所示。

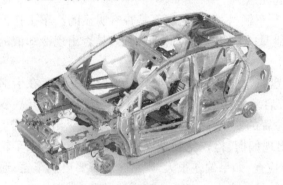

图 8-32　侧面安全气囊

图 8-33　转向盘上的安全气囊

区域四的检验:采用检视和拆检的方式进行。

区域四的损伤测量:通常不需要进行几何尺寸的测量。

(1) 从碰撞接触点开始检查。如果碰撞造成前围板或车门柱损坏,这些损坏可能波及仪表板、加热器芯、空调蒸发器芯、音响主机及转向柱与转向柱外壳等。在图8-31中,仪表板左侧下盖板因仪表板受挤压变形而损坏脱落。

(2) 检查与转向盘相连接的转向柱是否损坏。转动转向盘查看车轮的偏转是否正常,通常转向柱带吸能溃缩结构,确认它没有被压溃,否则需要拆卸更换;图8-34所示为两种转向柱吸能溃缩结构,这种结构已经在某些车型上使用。更多的车型采用分为两节的转向柱,在碰撞时使上下两节转向柱脱开的溃缩形式。还有采用双万向节传动的转向柱,在汽车碰撞时,双万向节让转向柱变得可以弯曲,从而避免对驾驶人的伤害。

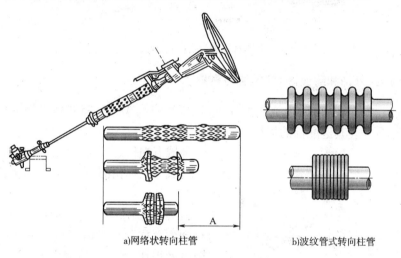

a) 网络状转向柱管　　　　b) 波纹管式转向柱管

图8-34　转向柱吸能溃缩结构

检查转向盘的倾斜、伸缩与锁定装置是否正常,转向盘的调整装置固定在前围横梁上,前围横梁的变形可能影响到转向盘调整装置的调整功能。

(3) 检查转向柱外壳上所附载的组合开关、转向盘锁。试操作一下,看其功能是否完好,碰撞所造成的挤压可能损坏这些部件,使其功能失效。

(4) 检查门窗玻璃的升降功能是否正常,直接碰撞和二次损伤均可能导致门窗玻璃的升降故障。检查中央控制门锁和后视镜调节控制功能是否正常。

(5) 检查踏板是否出现弯曲、歪斜。操作踏板,看是否有卡滞现象,这是前围板变形损坏后的连带结果。

(6) 检查座椅,碰撞时乘坐人员的惯性可能造成座椅与车身连接点的损坏。检查座椅位置调节功能是否完好,座椅调节是否出现不正常卡滞或松旷。车身底板变形是导致座椅调节卡滞最可能的原因。图8-35所示为座椅的结构示意图,红圈内为座椅的高度调节机构。座椅通过前后调节滑轨与车身地板相连。

(7) 检查安全带收紧和释放功能是否完全自如,有无黏滞或滞后现象。检查安全带的锁扣是否正常。有些座椅安全带有拉紧感应标签;如果在碰撞中使用了安全带而且安全带上的张紧力超过设计界限,则标签会破裂。标签破裂的安全带必须予以更换。轿车上配置的安全带如图8-36所示。

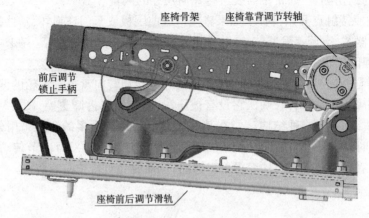

图 8-35 座椅的结构示意图

五、区域五(外饰和漆面区)的检验与测量

在彻底检查车身、零件、内饰和配件之后,再环绕汽车转一圈并列出外饰件、漆面、轮罩、灯具和车身外表其他配件的损坏。

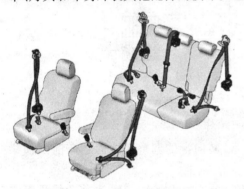

图 8-36 轿车上配置的安全带

区域五损伤的检验方法:检视或拆检。

区域五的损伤测量:通常不用进行几何尺寸的测量。

(1)接通车灯并检查前照灯、尾灯、转向信号灯和应急指示灯。由于碰撞造成振动经常会导致灯丝损坏,尤其当碰撞发生在车灯亮着时。

(2)检查前、后风窗刮水器臂有无变形,变形的金属构件可能会划伤玻璃,必须更换。变形的前围板横梁可能会使刮水器传动机构无法正常工作,应该注意检查。

(3)仔细地检视漆面情况。记下哪一块区域需要进行表面修理。轻度的擦伤、表面凹陷、皱褶甚至板件严重破损,不管哪一种情况,都需要进行表面处理后才能重新喷漆。严重损坏或油漆老化的车辆可能需要全部重新喷漆。图 8-37 所示为轻微碰撞与漆面损伤。

六、思考与练习

(1)什么是车身碰撞损伤分区?

(2)什么是直接碰撞损伤区?

(3)什么是间接碰撞损伤区?

(4)测量实习:在教学用车身壳体上,用测距法进行车身各部位尺寸的检验测量,并与车身尺寸图对比,确认车身变形状况。

项目八　碰撞损伤的检验与测量

七、教学互动

碰撞损伤的检验与测量知识你一定学得不错吧？那就到汽车维修企业实际动手试一下吧。找一辆与图 8-38 相类似的汽车，与师傅一起进行碰撞损伤的检验与测量，并写出检验与测量报告。

图 8-37　轻微碰撞与漆面损伤

图 8-38　碰撞事故车

综合实训步骤：

（1）检视直接损伤区，并记录直接损伤零部件。

（2）拆除外部损坏件以检视和测量内部的损坏件，这可能需要与有经验的师傅一起进行。

（3）检查二次损伤区，并对二次损伤区的可见或不可见的变形进行测量，并记录变形程度和方向。测量前可能需要拆下某些部件，这可能需要与有经验的师傅共同进行。

（4）检查机械损伤情况，并进行记录。这可能需要拆卸某些零部件，进行这一步时，请在有经验的师傅带领下进行。

（5）有必要的话，进行四轮定位检查，记录检查结果。四轮定位检测需要由经过专业培训的操作人员进行。

（6）检查乘员舱区损伤情况，并记录。

（7）检查油漆与外饰损伤情况并作记录。

（8）整理记录，写出检验报告。

检验报告应该包括如下的内容：

①直接损伤零部件的目录。

②间接损伤的区域、名称、变形程度与方向经，并画出草图。

③机械损伤零部件的目录。

④乘员舱内损伤零部件目录。

⑤油漆损伤区域与外饰件损伤目录。

⑥分析四轮定位检查结果与车身变形的联系。

项目九　主要零部件损伤评估

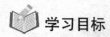学习目标

完成本项目学习后,你应能:

1. 叙述车身板件损伤部位;
2. 分析车身板件损伤的评估;
3. 知道主要零部件损伤位置;
4. 分析主要零部件损伤的评估;
5. 正确完成汽车碰撞现场观察,确认车身、车身板件、主要零部件损伤的评估。

建议课时:10课时。

车身主要板件损伤形式有各种变形,如弯曲、陷入、褶皱、菱形等。主要零部件的损伤有缸体、冷却系统、润滑系统、变速器、悬架、转向机构及制动机构等。当汽车发生碰撞时,车身因直接承受撞击力而造成各种不同程度的损伤,主要零部件也同时受损伤。由于结构的原因,主要零部件损伤一般不是直观能看见,需要检测和分析。因此,我们对主要零部件的损伤要进行认真检查和判断,做出正确的损伤评估。

课题一　车身板件损伤评估

车身既是驾驶人的工作场所,也是乘客和货物堆放场所。车身应对驾驶人提供便利的工作条件,对乘员提供舒适的乘坐条件,保护他们免受汽车行驶时的振动、噪声、废气的侵袭以及外界恶劣气候的影响。对货物保证完好无损放置,运载货物保证平稳顺利,装卸货物保证方便安全。

下面我们分析一下汽车车身主要钣金件损伤评估。汽车车身分为汽车前部、中部和后部。车身主要钣金件如图9-1所示。

一、前部车身钣金件损伤评估

1. 发动机罩

1) 发动机罩结构

发动机罩是最醒目的汽车车身构件。对发动机罩的主要要求是隔热隔声、自身质量轻和刚度高。发动机罩开启时一般是向后翻转,也有小部分是向前翻转。向后翻转的发动机罩打开至预定角度,不应与前风窗玻璃接触,应有一个约为10mm 的最小间距。

发动机罩通常是由冷轧钢板制成的,现在也有些发动机罩是铝、玻璃纤维和塑料材质。它通常由外板和内板组成。在发动机罩面板前沿的下部装有一个定位螺栓或锁扣,它在发动机罩关闭时与锁栓啮合。对于大多数轿车,发动机罩锁栓装在散热器支架上,从车内扳动发动机罩开启拉索就可以使锁扣从锁栓上松开。发动机罩上还装有一个安全闩,它的作用是在锁栓突然无法锁住锁扣时防止发动机罩打开,发动机罩通过两个铰链安装在前围板或内挡泥板衬板上。在发动机罩打开时,有些铰链利用弹簧或扭杆将它保持在开启位置,有些则通过一根单独的支撑杆来保持发动机罩的开启。大多数发动机罩的底部还有一个隔垫,它是由玻璃纤维制成,用于隔绝发动机噪声,同时保护发动机罩面板及其油漆不受发动机高温损坏。图9-2 所示为发动机罩。

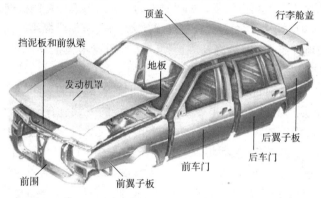

图9-1　车身主要钣金件

2) 发动机罩损伤评估

发动机罩碰撞后皱褶则很难矫直,因为它是一个双层面板结构。对发动机罩损坏的评估应考虑到:发动机罩的拆卸和更换工时(拆卸和更换发动机罩的时间、拆卸和安装发动机罩隔热垫的时间以及调整对齐发动机罩铰链的时间)。如果发动机罩没有损坏,而只是被挤压偏离了定位,则只需0.5 工时用来重新调整对齐。另外还包含锁扣和隔板的拆装,发动机罩锁栓、安全闩、开启拉索、铰链和饰条的拆装。锁扣、锁栓和安全闩属于安全件,如果损坏则必须更换,而不能进行维修。开启拉索如果损坏也应当更换。若铰链只受到轻微的损坏可以进行维修,但如果铰链弯曲或变形

图9-2　发动机罩

较大就应当予以更换。发动机罩饰条的构成材料有多种:镀铬钢、不锈钢、铝、塑料或橡胶。在当今流线型车辆上,最常见的应用是在发动机罩的后沿有一个后部饰条,还有一种常见的饰条就是在发动机罩的中部饰条,有些车型可能在发动机罩的前沿也有饰条。前部饰条可能是一整条,也可能是三条(中部、左侧、右侧)。评估时注意不要忽略了发动机罩的装饰件、标签、条纹胶带、徽标和密封件。

2. 前翼子板

1) 前翼子板构件

翼子板是遮盖车轮的车身外板，因旧式车身该部件形状及位置似鸟翼而得名。按照安装位置又分为前翼子板和后翼子板，前翼子板安装在前轮处，因此必须要保证前轮转动及跳动时的最大极限空间。设计者会根据选定的轮胎型号尺寸用车轮跳动量来验证翼子板的设计尺寸，图9-3所示为前翼子板。汽车的前翼子板是用螺栓连接到相邻的支撑构件上，对于承载式车身，前翼子板与前围侧板、裙板、散热器支架以及挡泥板相连。翼子板与发动机罩、前面板和保险杠总成一起构成车辆外部前端的装饰轮廓。

2) 前翼子板损伤评估

前翼子板构件损伤评估时，应对每个零件都必须考虑到。大部分车辆的前翼子板都是由冷轧钢板制成的，现在有些车辆开始使用玻璃钢和塑料前翼子板。对于冷轧钢板前翼子板，如果碰出小坑用一般的钣金工艺就可以修复。如果碰撞力较大已造成冷轧钢板硬化，则冷轧钢板不可再加工，应考虑更换前翼子板。而对于玻璃纤维前翼子板，破损或撕裂后可以用玻璃纤维修理包（环氧树脂和玻璃纤维布）进行修补或更换。塑料前翼子板损坏后可以进行焊接、粘接或更换。在损伤评估时要注意，前翼子板拆卸和安装工时（包括边灯、转向灯和示宽灯的更换或转移工时），加上这些零件的换件费用。在评估时还被忽视的一个项目就是天线的拆卸和更换工时。天线必须单独购买，如果要人工制作天线的安装孔，还必须计算这部分工时。对于粘贴型饰条，如果没有损坏，需要从旧件上拆下来安装到前翼子板上，包含的操作有：将饰条拆下，在其背面粘上新胶带，然后将其安装到新前翼子板上。但是，如果将一个新饰条安装到新前翼子板上，新饰条本身带有黏性背面。对于螺栓安装或卡夹安装的饰条，则需要考虑钻孔时间。如果将旧饰条重新安装到新板件上，再加上新件上钻孔的工时，如果要从翼子板上拆下饰条以便对翼子板进行维修，并在维修后再重新装上，就不能计算钻孔工时。所以前翼子板构件损伤评估时要注意这些细小的问题。

3. 前围总成

1) 前围总成结构

汽车的前围总成如图9-4所示，一般由前围板和侧围板组成。前围总成通常与前地板、左侧和右侧门槛板以及铰链立柱焊接在一起。对于承载式车身，裙板和前纵梁也焊接在前围侧板上。因此，前围侧板是前围总成中最结实的部分，在一些车架式车身上，前围板是地板的一部分。通常，为防止发动机舱里的废气、高温、噪声窜入车厢，前围板上要有密封措施和隔热装置。在发生意外事故时，前围板应具有足够的强度和刚度。前围板最重要的工艺技术是装配密封和隔热，它的优劣往往反映出汽车运行的质量。

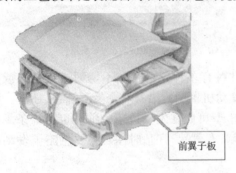

图9-3 前翼子板

图9-4 汽车前围总成

项目九　主要零部件损伤评估

2）前围总成损伤评估

前围总成主要构件损伤评估时,还应注意有些操作必须提前完成。例如,在更换载货汽车的前围上盖板时,首先要拆卸前翼子板和前风窗,这些操作的工时应当单独计算。前围总成的拆卸和安装工时一般包含以下方面:

(1)拆装前围板两侧内饰工时,以防它们在焊接中受损。

(2)拆装车门密封和防滑板工时。

(3)拆装车门报警器开关工时。

(4)拆装前围板和乘员舱之间的所有填充材料工时。

(5)钻除或切除原厂焊点工时。

(6)对齐新板件,并将其焊接到位工时。

(7)打磨、填充和磨光焊缝工时。

4．前保险杠

1）前保险杠构件

汽车保险杠是吸收缓和外界冲击力,防护汽车车身前后部的安全装置。20年前,轿车前后保险杠是以金属材料做成,用厚度为3mm以上的钢板冲压成U形槽钢,表面进行镀铬处理,与车架纵梁铆接或焊接在一起。随着汽车工业的发展,汽车保险杠作为一种重要的安全装置也走向了革新的道路,今天的轿车前后保险杠除了保持原有的保护功能外,还要追求与车身造型和谐与统一,追求本身的轻量化和碰撞后的吸能作用。为了达到这种目的,轿车的前后保险杠采用了塑料,人们称为塑料保险杠。塑料保险杠由外板、缓冲材料和横梁等三部分组成。其中外板和缓冲材料用塑料制成,横梁用厚度为1.5mm左右的冷轧薄钢板冲压而成U形槽。外板和缓冲材料附着在横梁上,横梁与车架纵梁用螺钉连接,可以随时拆卸下来。这种塑料保险杠使用的塑料,属于聚酯系和聚丙烯系两种材料。上海的桑塔纳轿车的保险杠,采用了聚丙烯系材料制成。图9-5所示为汽车前保险杠。

图9-5　汽车前保险杠

塑料保险杠具有一定的强度、刚度和装饰性。从安全上看,汽车发生碰撞事故时能起到缓冲作用,保护前后车体。从外观上看,可以很自然地与车体结合在一块,具有很好的装饰性,成为装饰轿车的重要部件。有些保险杠内安装有吸能装置。吸能装置的作用是吸收低速碰撞的能量,使保险杠能恢复到原来的位置,而对车辆不产生损坏。常用的保险杠吸能器有橡胶或泡沫隔垫式、充气或充油式、弹簧储能式。

2）前保险杠损伤评估

镀铬保险杠,一旦碰撞了损坏,通常只能更换,因为在碰撞力的作用下,镀铬层很容易发生破裂或剥落,大多数维修厂没有大型液压装备,无法将厚钢板的保险杠恢复到原形,所以镀铬保险杠一旦损坏通常只能更换新件。钢制保险杠可以在维修厂进行校正和喷漆。铝制保险杠如有轻微弯曲也可以进行校正,轻微刮痕常通过打磨就可以恢复其光泽,如果铝制保险杠维修费用超过了换件费用的70%,应选择更换新件。

保险杠更换一个新件时,还应当在保险杠估损单中增加一个额外工时,用于保险杠安装到车辆上。另外还可能增加一些更换新螺栓的费用。对于塑料保险杠,损坏通常是杠皮的损坏,这些塑料件可以用新件进行更换,如果损坏只是一个小裂口或小孔,也可以用塑料焊接或胶粘接的方式进行修复。如果聚碳酸酯型保险杠损伤触及加强部位,则必须予以更换,没有触及加强部位的小伤可以进行修复。

有些保险杠带有包角,用于封闭保险杠的开口端,如果包角损坏,估损时应考虑其换件费用,这些包角可能是橡胶或钢制的。大型镀铬保险杠杠皮的前端通常还装有保护杠,如果损坏,则必须更换此保护杠及其橡胶衬垫。有些车辆保险杠的后面有加强杆,通常是一根厚钢梁,以对车辆前端提供额外保护,如果损坏也应当更换。

保险杠总成的拆卸和安装工时包括拆卸安装保险杠总成、在车辆上调整对齐保险杠总成所需的时间。如果要更换吸能器,保险杠估损单中应当包含这部分工时。专业估损手册中还给出了保险杠总成的拆卸和更换工时、大修工时。保险杠大修工时包括从车辆上拆下保险杠总成、分解保险杠、更换其中损坏的零部件、重新组装总成、再将保险杠安装到车辆上及调整对齐保险杠的时间。

5. 前纵梁和横梁

1) 前纵梁和横梁构件

汽车前纵梁和横梁是汽车前车身的主要强度件,图9-6所示为汽车前纵梁和横梁。它们是发动机、变速器和悬架的主要支撑。承载式汽车车身上,前横梁是散热器支架的一部分,纵梁是裙板总成的一部分。

2) 前纵梁和横梁损伤评估

图9-6 汽车前纵梁和横梁

承载式车身如果前纵梁和横梁损伤,通常是校正,估损时应当考虑将汽车固定到校正架上所需的工时,测量损伤程度的工时。如果需要对纵梁或横梁进行切割,则还要计算切割工时。一般要考虑以下方面:

(1) 将汽车固定到车架校正设备上的工时。

(2) 损伤诊断工时。

(3) 拉伸相邻板件工时。

(4) 拆卸和安装车架上用螺栓连接的零件工时。

(5) 拆卸和安装车架上用螺栓连接的车身板件工时。

(6) 拆卸相邻的焊接板件工时。

(7) 车轮定位工时。

(8) 涂施底漆、安装隔声材料和防腐材料工时。

(9) 板件的重新喷漆工时。

如果汽车前纵梁和横梁损伤严重,无法修复到损伤前的状况,必须予以更换。当必须更换时,应当考虑初步拉伸车架以便拆下受损零件的工时。

二、中部车身钣金件损伤评估

1. 车身立柱损伤评估

汽车的轿车车身一般有3个立柱,从前往后依次为前柱(A柱)、中柱(B柱)、后柱(C柱),图9-7所示为汽车车身立柱。对于轿车而言,立柱除了支撑作用,也起到门框的作用。

1) 前柱(A)损伤评估

设计师设计前柱(A)时必须要考虑到前柱遮挡驾驶人视线的角度问题。一般情况下,驾驶人通过前柱处的视线,双目重叠角总计为5°~6°,从驾驶人的舒适性看,重叠角越小越好,但这涉及前柱(A)的刚度,既要有一定的几何尺寸保持前柱的高刚度,又要减少驾驶人的视线遮挡影响,这是一个矛盾的问题,所以设计者尽量使两者平衡以取得最佳效果。在2001年北美国际车展上瑞典沃尔沃推出最新概念车SCC,就将前柱改为通透形式,镶嵌透明玻璃让驾驶人可以透过柱体观察外界,令视野盲点减少到最低程度。

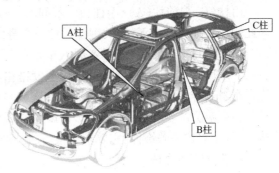

图9-7 汽车立柱

前柱(A)通常由内板和外板组成,它们焊接在一起构成一个结实的封闭构件。这些板件可以单独更换,也可以对部分构件进行切割,然后更换成同等质量的板件。如果汽车在事故中产生翻滚,前柱(A)受到损伤,需要进行更换。通常可以将前柱(A)损伤的部位切割下来,然后再焊上一个替换件,而不需要更换整个前柱总成。在进行切割之前,一定要确认切割操作对汽车的整体强度和刚度不会产生影响。对于封闭构件,只有当其两侧都能够接触到时才允许进行切割,而且切口不能穿越加强件。前柱(A)通常可以在中部切割,因为这个部位通常没有内部加强件。前柱(A)的拆卸和更换工时应包含车门、翼子板和风窗玻璃的拆卸。

2) 中柱(B)损伤评估

中柱(B)不但支撑汽车顶盖,还要承受前、后车门。在中柱上还要装置一些附加零部件,例如前排座位的安全带,有时还要穿导线线束。因此中柱(B)大都有外凸半径,以保证有较好的力传递性能。现代轿车的中柱(B)截面形状是比较复杂的,它由多件冲压钢板焊接而成。随着汽车制造技术的发展,不用焊接而直接采用液压成形的封闭式截面中柱已经问世,它的刚度大大提高,质量大幅减小,有利于现代轿车的轻量化。

中柱(B)损伤后可以进行修复或更换,修复通常是从车顶底部对中柱(B)进行切割维修,维修手册或估损手册中通常会给出切割中柱(B)的工时。在确定要切割中柱(B)时,切割位置必须在座椅安全带D形环的下方,以避免切割到D形环加强件。如果中柱(B)在侧面碰撞中受损,门槛板也可能被撞坏。在这种情况下,最好找一个中柱和门槛板总成来更换。在切割和焊接中柱时,必须拆下后车门、前座椅,松开车顶内衬,向后卷起地毯和脚垫。这些操作都应包含在中柱(B)拆卸和更换工时中,如包含:

(1) 饰条、徽标、铭牌和其他装饰物的拆装工时。

(2)灯的拆装工时。

(3)胶带、标签及覆盖件的安装工时。

(4)钻圆孔的工时。

(5)穿过车顶纵梁、中柱或门槛板导线的拆装工时。

(6)防腐蚀材料的涂施工时。

(7)内板和外板的喷漆工时。

更换中柱(B)时,还需要拆卸和安装中柱(B)的饰板、防滑板、车门密封条、车门锁撞板,同时拆卸和更换工时还包含所有必需的切割、焊接、打磨、填充以及焊缝平整的时间。

3)后柱(C)损伤评估

后柱(C)与前柱(A)、中柱(B)不同的一点就是不存在视线遮挡及上下车障碍问题,因此构造尺寸大些也无妨,关键是后柱与车身的密封性要可靠。

如果密封不可靠,就需要考虑汽车车身是否变形情况。汽车车身变形的大小与刚度有关。刚度是汽车车身设计的指标,刚度是指在施加不大于毁坏汽车车身的普通外力使汽车车身不容易变形的能力,也就是指恢复弹性变形的能力。汽车在行驶过程中受到各种外力影响会产生变形,如果变形程度越小说明汽车刚度越好。因此在整个汽车车身结构中,汽车立柱是关键件,它要求有很高的刚度。

2. 车顶损伤评估

1)车顶结构

汽车车顶是车厢顶部的盖板。对于轿车车身的总体刚度而言,车顶不是很重要的部件,这也是允许在车顶上开设天窗的理由。从设计角度来讲,重要的是它如何与前、后窗框与支柱交界点平顺过渡,以求得到最好的视觉感和最小的空气阻力。当然,为了安全汽车车顶还应有一定的强度和刚度,一般在车顶下增加一定数量的加强梁,车顶内层敷设绝热衬垫材料,以阻止外界温度的传导及减少振动时噪声的传递。图9-8所示为车顶。

图9-8 车顶

车顶通常分为固定式车顶和敞篷式车顶两种,固定式车顶是常见的轿车顶形式,属于轮廓尺寸较大的大型覆盖件,车身整体结构的一部分。它具有刚性强,安全性好,汽车侧翻时起到保护乘员的作用,缺点是固定不变,无通风性,无法享受到阳光及兜风的乐趣。

敞篷式车顶一般用于档次较高的轿车或跑车上,通过电动和机械传动移动部分或全部车顶,可以充分享受阳光和空气。缺点是机构复杂,安全性和密封性较差。敞篷式车顶有两种形式,一种称为"硬顶",可移动车顶用轻质金属或树脂材料做成。另一种称为"软顶",车顶用篷布做成。固定式车顶和敞篷式车顶有各自的优缺点,可不可以除去缺点而保留两者优点?设计师想出了一个折中的办法,在固定车顶上开窗口,即"天窗",既可保持固定车顶的优点,又可在一定程度上获得敞篷效果,两者兼顾,还可增加厢内光线。一般来说,天窗主要由玻璃窗、密封橡胶条和驱动机构组成。开启的形式一般分为外滑板式、内滑板式及倾斜式。外滑板式的玻璃窗在车顶上面滑动;内滑板式的玻璃窗在车顶下面与篷顶内饰衬之间滑动;倾斜式的玻璃窗前端或后端向上倾斜呈开启状态,目前多采用后两种形式。

2) 车顶损伤评估

汽车车顶天窗最重要的问题是防漏水,天窗内侧应设流水槽和嵌有密封橡胶条的框架,从缝隙漏入的水通过流水槽和排水管流出车外。移动玻璃窗一般为褐色,可反射阳光,车内则设有遮阳板,打开遮阳板后光线可射入车厢。汽车车顶中间加强件通常用于安装顶灯。

汽车车顶板拆卸和更换工时可能涉及选装的聚乙烯车顶罩,更换时通常需要增加工时。另外,聚乙烯车顶罩的费用通常还带有一些专用饰条,在汽车车顶损伤估损时不能将其忽略。还有对带天窗、T形车顶和活顶的车型也必须注意,这种车顶的拆卸和更换工时应当包含相关的调整工时。更换车顶板时需要将很多零件临时拆下,因此车顶板的拆卸和更换工时中应包含以下零部件的拆装工时:

(1) 前风窗玻璃。

(2) 后风窗玻璃和窗框饰条。

(3) 车窗玻璃导槽和夹框。

(4) 后角窗玻璃。

(5) 原装自带的天窗或T形车顶。

(6) 举升门。

(7) 窗框饰条及其他内部饰条。

(8) 遮阳板。

(9) 挂衣钩。

(10) 车灯。

(11) 前后座椅。

(12) 密封条和固定夹。

(13) 密封线。

(14) 后侧围饰板(货车除外)。

(15) 车顶衬板(货车除外)。

(16) 安全带。

(17) 后窗台板。

汽车车顶板的拆卸和安装工时一般不包含以下操作:

(1) 前面板的拆换。

(2) 车顶纵梁的拆换。

(3) 车顶加强件的拆换。

(4) 行李架的拆换。

(5) 饰条、铭牌、徽标或装饰件的拆装。

(6) 导线及电气元件的拆装。

(7) 选装灯的拆装。

(8) 碎玻璃的清理。

(9) 胶带和标签的安装。

(10) 隔声材料的安装。

(11) 重新喷涂。

3. 车门损伤评估

1) 车门结构

汽车车门是车身上重要部件之一。按其开启方式可分为顺开式、逆开式、水平移动式、上掀式和折叠式等几种。汽车车门如图9-9所示，汽车车门框架如图9-10所示。

顺开式车门即使在汽车行驶时仍可借气流的压力关上，比较安全，而且便于驾驶人在倒车时向后观察，此种车门被广泛采用。逆开式车门在汽车行驶时若关闭不严就可能被迎面气流冲开，因而用得较少，一般只是为了改善上下车方便性及适于迎宾礼仪需要的情况下才采用。水平移动式车门的优点是车身侧壁与障碍物距离较小的情况下仍能全部开启。上掀式车门广泛用作轿车及轻型客车的后门，也应用于低矮的汽车。折叠式车门则广泛应用于大、中型客车上，在有些大型客车上，还备有加速乘客撤离事故现场以及便于救援人员进入的安全门。轿车、货车驾驶舱的车门以及客车驾驶人出入的车门通常由门外板、门内板、窗框等组成。门内板是各种附件的安装基体，在其上装有：门铰链、升降玻璃及其导轨、玻璃升降器、门锁、车门开度限位器等附件。有的轿车门内板还布置有暖气通风管道和立体声收放机的扬声器等，车门借铰链安装在车身壳体上。在汽车行驶时，车身壳体受各种力反复产生扭曲变形。为避免在此情况下车门与门框摩擦产生噪声，车门与门框之间留有较大的间隙，靠橡胶密封条将间隙密封。汽车的前、后窗通常采用有利于视野而又美观的曲面玻璃，借橡胶密封条嵌在窗框上或用专门的黏合剂粘贴在窗框上。为便于自然通风，汽车的侧窗玻璃通常可上、下或前、后移动。侧窗玻璃采用茶色或降热层，可使室内保温并具有安闲宁静的舒适感。

图9-9 汽车车门

图9-10 汽车车门框架

汽车车门是一个非常重要的部件，现代汽车的车门，其作用已经不仅仅是"门"，它是一种标志。以小汽车为例，车门可作为汽车用途的标志，用于公务用途的轿车都是四门，用于家庭用途的轿车既有四门也有三门和五门（后门为掀起式），而用于运动用途的跑车则都是两门。若是大客车，车门可作为衡量客车等级和先进性的标志，现代豪华客车门多用外摆式门，普通客车多用折叠式门。

轿车车门的质量直接关系到整车的舒适性和安全性。如果车门的质量差，制造粗糙，材料单薄，就会增加车内噪声和振动，让乘坐者感到不舒适和不安全。因此，购车者在挑选轿车的过程中，要十分注意车门的制造质量。轿车车门由门外板、门内板、门窗框、门玻璃导槽、门铰链、门锁及门窗附件等组成。门内板装有玻璃升降器、门锁等附件，门外板内侧一般安装了防撞杆。图 9-11 所示为轿车车门结构。车门内板与外板通过翻边、粘合、滚焊等方式结合,针对承受力不同,要求外板质量轻而内板刚性要强,能够承受较大的冲击力。门锁是重要的安全件。门锁由两个零件构成,一个零件固定在车门上,另一个零件固定在车身上,通过门闩阻止车门向外打开,通过简单的杠杆运动或压揿按钮的动作将它们脱开。门锁必须工作可靠,在一定的冲击力作用下不会自行脱开。一个质量比较好的车门,它使用的材料、制作工艺是有严格要求的,反映到使用上,就感觉出一种沉甸感,厚实感,关闭时有一种低沉的"嘭"声发出来,好像车厢里的空气被压缩似的。如果车门比较单薄,则有一种轻盈感,关闭时会发出清脆的"嘭"声,与前一种明显不一样。

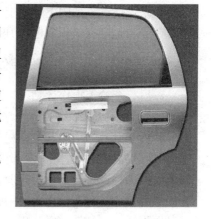

图 9-11 轿车车门结构

2)车门损伤评估

汽车车门是车身中工艺最复杂的部件,它涉及零件冲压、零件焊接、零部件装配、总成组装等工序,尺寸配合和工艺技术都要求严格。同时汽车车门是一个活动物体,其灵活性、坚固性、密封性要求非常高,要求汽车车门密封性好、防尘、防水、隔声等。除了车门与车身之间尺寸配合要合理外,重要的还有镶嵌或粘贴在车门框与车门上的密封条。密封条是一种截面呈中空形状的橡胶制品,它的柔软性使得它具有填塞间隙大小不一空间的作用,当间隙大时对密封条挤压小,当间隙小时对密封条挤压大,密封条的质量直接影响车门的密封性。如果汽车车门碰撞破损较小,应当单独更换汽车车门蒙皮,尽量不要更换汽车车门框架。更换车门蒙皮时通常需要将车门从车上拆下来,为防止打破车窗玻璃,还要将玻璃拆下,这样就可以将蒙皮从车门框架上拆下来了。将剩下的包边或焊接材料清除干净,将车门框架边缘清理干净,如果必要的话需进行校直。把新的蒙皮放到车门框架上,将包边卷到车门框架边缘上。然后用点焊或胶粘的方式将蒙皮固定到门框架上。汽车车门蒙皮的拆卸和更换工时通常包含以下操作:

(1)拆装车门。

(2)拆装车门内饰板。

(3)拆换填缝剂。

(4)拆换或拆装门外把手、门锁和门边的密封条。

(5)更换卡装型嵌条。

如果汽车碰撞力很大,造成汽车车门框架严重损坏,对它进行维修很困难或不经济,就应当从生产厂或配件经销商店购买一个新的车门框架换上。新车门框架本身带有蒙皮,而且车门内的加强杆及其他加强件也已安装好。一般新的车门框架不包含汽车车窗玻璃、导槽、升降器及其他与车门框架相连的附件。这些零部件必须从原车上拆下来再安装到新车门上。汽车车门框架的拆卸和更换工时通常包含以下操作:

(1)更换或转移车门上的所有零部件(车门把手、玻璃、导槽、升降器和密封条)。

(2)拆卸和安装内饰板。

(3)拆装门锁。

(4) 在原厂焊缝中涂施新的填缝剂。

(5) 更换标准装备，更换卡装型嵌条。

如果受损汽车车门上还装有一些选装件，如车门上装有防盗系统、遥控后视镜、门锁照明、扬声器、电控门锁或电动升降器等，就必须增加一些额外工时。

三、后端车身钣金件损伤评估

1. 后行李舱盖损伤评估

1) 后行李舱盖结构

后行李舱盖的结构与发动机罩很相似。大多数后行李舱盖都包含外、内板、行李舱盖锁、锁栓总成、锁扣、铰链等零部件。外板与内板的边缘点焊在一起，内板的上表面与外板的下表面黏合在一起。后行李舱盖要求有良好的刚性，结构上基本与发动机罩相同，内板有加强筋。一些轿车被称为"两厢半"车，其行李舱盖向上延伸，包括后风窗玻璃在内，使开启面积增加，形成一个门，因此又称为尾门，这样既保持一种三厢车形状又能够方便存放物品。如图9-12所示汽车后行李舱盖。

图9-12 汽车后行李舱盖

2) 后行李舱盖损伤评估

汽车碰撞后，估损后行李舱盖的拆卸和更换工时通常包含以下操作：拆装或更换后行李舱外板、内板、锁、锁栓、锁扣、密封条、车灯总成、线束、装型嵌条和缝隙密封剂。外板与内板的边缘点焊在一起，内板上表面与外板下表面黏合在一起，这种双层板件结构使得行李舱盖拉伸和喷漆维修具有一定的局限性，一旦其维修成本超过一定的限度，就要将外板和内板一起作为一个整体进行更换。拆装或更换后行李舱锁、锁栓、锁扣、密封条、车灯总成和线束时，只要这些零部件都与行李舱盖相连，通常还包含以下操作：

(1) 拆换或拆装铰链。

(2) 拆换或拆装行李舱架或尾翼。

(3) 拆装标签，如举升说明和注意事项。

(4) 拆装胶粘型嵌条或安装新的黏结型嵌条。

(5) 安装胶带、标签、转移件或覆盖件。

(6) 为安装外饰件钻孔。

(7) 防盗门锁的重新编码。

(8) 后行李箱的重新喷漆。

旅行车和厢式车后面行李舱门或举升门的更换工时所包含的项目与行李舱盖类似，但因为行李舱门或举升门上通常都有后风窗玻璃，所以还包含了这些玻璃及其相关零部件（如玻璃导槽、升降器、外把手、密封条和标准配置的车灯总成）的拆换工时。另外还要更换刮水器或铰链固定板等，都需要额外增加工时。

2. 后侧板损伤评估

项目九 主要零部件损伤评估

1) 后侧板结构

汽车后侧板又称后翼子板,如图 9-13 所示。汽车后侧板出于空气动力学的考虑,后翼子板略显拱形弧线向外凸出,但又不能与后车轮转动产生碰擦。现在有些轿车翼子板已与车身本体成为一个整体,但也有轿车的翼子板是独立的,尤其是前翼子板,因为前翼子板碰撞机会比较多,独立装配容易整件更换。一般后翼子板由以下零件组成:外板、翼板或车顶延伸板、内板、锁柱、外轮罩板、内轮罩板以及多种填充材料、延伸件、角撑板、支架和加强件等。当代承载式车身的许多零件、部件是由高强度钢制成的,而且两侧都经过镀锌处理。

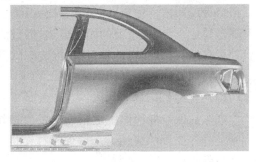

图 9-13　汽车后侧板(后翼子板)

2) 后侧板损伤评估

(1) 后外侧板损伤评估。汽车后侧板是一块装饰板,包含以下全部或部分零件:车身和车窗饰条、胶带、徽标、门锁加强件、角窗、加油口盖。后侧板外板与门槛板、车顶梁、锁柱、后地板延伸件、放物架、后部车身板及车轮罩外板焊接在一起。一旦损坏,必须沿着原厂焊缝拆下外侧板,然后换上新件。但是,切割后侧板也有一种常规做法,一般切割位置在车窗或腰线下面,切割一定要遵照原厂的要求。切割维修可以节省一些工时,因为不必拆卸和安装所有的零部件。例如,当沿着原厂焊缝更换后侧板外板时,必须将后风窗玻璃和角窗玻璃拆下,在外板维修完毕后再将它们重新安装上去。这样不仅需要付出很多工时,而且在拆装过程中还容易打碎玻璃,因此这种更换程序的成本是比较高的。对于大多数车型,估损时都给出的后侧板切割工时是指在腰线部位进行切割。如果后侧板受损的面积较小,只要不是很严重,也可以进行局部更换。如只是后侧板的角部位损伤,可以在车轮室后面进行切割。估损时就要确定一个合理的工时额度。

(2) 后内侧板损伤评估。汽车后侧板由一块外板和一块或多块内板构成,内板与外板、锁柱、车轮罩总成、地板焊接在一起。内板构成乘员室的玻璃升降器板和行李舱的侧盖板。如果车辆有可升降的角窗,其玻璃升降器、导槽、手柄都安装在内板上。内板外面通常用内饰件覆盖。估损时一般都能查到内板的拆卸和安装工时,因为内板不包含在外板的操作工时内,必须在估损单中单独列出。但内板不是外观件,通常可以通过拉伸和钣金工进行维修。

(3) 锁柱损伤评估。在一些汽车上后侧板外板或轮罩板的前沿构成车门立柱,而在其他一些车辆上,则有一块单独的板件,为车门关闭提供结合表面,通常称为锁柱。锁柱一般焊接在门槛板和后侧板的内、外板上,有些车辆锁柱可能由内板和外板构成,而有些车辆锁柱则只有一个块板,有些车辆锁柱向上只伸到腰线位置,而有些车辆锁柱则一直伸到车顶,并可能由下柱和上柱两部分构成。所以估损时一定要仔细查看后侧板分解图,了解锁柱的实际结构。锁柱一般不包含在后侧板外板的拆卸和安装工时中,如果锁柱在碰撞中受损,必须在估损单中单独列出它的更换工时。

(4) 轮罩板损伤评估。轮罩板构成后轮的挡泥板,保护后侧板后部和行李舱部位避免道路飞溅物的损伤,同时,它还构成后行李舱的一侧。轮罩板的更换时一般不包含在后侧板的拆卸和更换工时内,故更换轮罩板工时和配件价格应在估损单中单独列出。

汽车后侧板在车身体中是一个非常复杂的总成。其拆卸和更换工时除了包含钻孔、焊接、打磨、填充和抛光等操作外,一般还包含以下操作:松开车顶衬板、拆装装饰条、拆装后风窗玻璃和窗框饰条、拆装后座椅、拆装后窗台板、拆装后侧板饰板、拆装后角窗玻璃和升降器总成、拆装后窗的固定玻璃、拆开活动车顶、拆装防滑板、拆装螺栓连接的后侧板延伸板和填料、拆装各种密封条、拆装车门锁扣、拆装车灯、拆装后保险杠总成等。

3. 后保险杠损伤评估

1) 后保险杠结构

汽车后保险杠的作用是在车辆发生追尾时起到保护车辆,可以最大程度地减小车架和乘员身体受到的碰撞力。后保险杠结构:保险杠杠体、吸能材料、杠皮。图9-14所示为汽车后保险杠。

2) 后保险杠损伤评估

估损汽车后保险杠时要注意:镀铬杠皮,一旦损坏,通常只能更换。钢制保险杠可以在维修厂进行校正和喷漆。铝制保险杠轻微弯曲也可以进行校正,铝制保险杠上轻微刮痕常通过打磨可以恢复其光泽。但是如果维修费用超过了换件费用的70%,选择更换新件。

更换一个新的后保险杠,应当在估损单中增加一个额外工时,即用于将保险杠安装到车辆上的工时。另外还要增加一些新螺栓的费用,通常拆下来的螺栓因为受潮会锈迹斑斑。后保险杠总成的拆卸和安装工时包括拆卸和安装保险杠总成,因为在汽车上调整对齐后保险杠总成需要花一定的时间。如果要更换吸能器,或者为了接近车身面板而需拆卸后保险杠,估损单中就应当包含这部分工时。

4. 汽车导流板(尾翼)损伤评估

汽车导流板学名叫做尾翼,装在汽车的后部,尾翼的表面相当于倒过来的机翼,就是上面是平面,下面为曲面,汽车高速行驶时,尾翼下方的空气流速大于上方,就是说尾翼上方的空气压力大,所以会产生一个向下压的力,这样可以加强汽车的高速稳定性。所以汽车尾翼具有增加汽车行驶稳定性的功能,特别在高速行驶时,气流通过尾翼会产生一个下压力,从而减少了气流通过车身所产生的提升力使汽车非常平稳的行驶。同时汽车尾翼还能增加汽车的美观。图9-15所示为汽车导流板(尾翼)。

图9-14 汽车后保险杠

图9-15 汽车导流板(尾翼)

汽车在行驶过程中导流板还会引导气流冲刷汽车的尾部,这样在雨天过后,车牌位置不会有污泥淤积。

四、车身损伤钣金件修理与更换的原则

1. 承载式车身钣金件修理与更换的原则

汽车碰撞受损的承载式车身结构件应当更换还是修复？这是汽车评损人员几乎每天都必须面对的问题。通过汽车撞伤修理协会大量研究，得出关于汽车损伤钣金件修复与更换的一个判断原则，即"弯曲变形就修，折曲变形就换"。

1）弯曲变形特点

汽车损伤部位与非损伤部位的过渡平滑、连续，通过拉拔校正可使它恢复到事故前的形状，而不会留下长久的塑性变形。

2）折曲变形特点

汽车损伤部位的曲率半径小于3mm，通常在很短的长度上弯曲可达90°以上，校正后零件上仍有明显的裂纹或开裂，出现永久变形带，不经调温加热处理不能恢复到事故前的形状。

3）承载式车身结构件换与修的原则"弯曲与折曲"的概念

判断承载式车身结构件更换还是修复的重要依据：一个大结构件上仅有一些小的折曲变形或有裂纹，也必须更换。图9-16所示为承载式车身结构。

注意：

一定要严格遵守该车制造厂家的建议：

（1）制造厂不允许反复分割结构板件。

（2）制造厂规定只有在遵循厂定工艺时，才可以分割。

（3）所有制造厂家都强调，不要割断可能降低乘员安全性的区域、汽车性能的区域或者影响关键尺寸的地方。

图9-16 承载式车身结构

按照我国目前汽车维修行业的实际情况，如果汽车维修厂达不到相应的技术条件，可以采用"弯曲变形就修，折曲变形就换"，避免产生更大的汽车车身损伤。另外，当前汽车采用的高强度钢，在任何条件下都不能用加热来校正。

2. 非结构钣金件修理与更换掌握

非结构钣金件又称覆盖钣金件，通常有前翼子板、车门、发动机盖、行李舱盖，不可拆卸的后翼子板、车顶等。汽车非结构钣金件如图9-17所示。

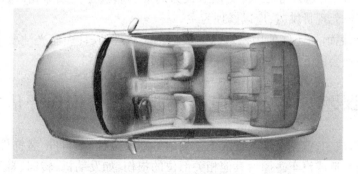

图9-17 汽车非结构钣金件

1）前翼子板

损伤程度没有达到必须将其从车上拆下来才能修复的程度,如整体形状还在,只是中间局部凹陷,一般不考虑更换。损伤程度达到必须将其从车上拆下来才能修复的程度,并且前翼子板的材料价格低廉,材料价格达到或接近整形修复的工时费,应考虑更换。如果每米长度超过3个折曲、破裂变形,或已无基准形状,应考虑更换。如果每米长度不足3个折曲、破裂变形,且基准形状还在,应考虑整形修复。如果修复工时费明显小于更换费用,应考虑以修理为主。

2）车门

门框产生塑性变形,一般来说是无法修复的,应考虑更换。许多汽车的车门面板是作为单独零件供应的,损坏后可单独更换,不必更换车门总成,其他同前翼子板。

3）发动机罩和行李舱盖

绝大多数汽车发动机罩和行李舱盖,是用两个冲压成形的冷钢板经翻边胶粘接制成的。判断损伤变形的发动机罩或行李舱盖是否需要将两层分开进行修理,如果不需要将两层分开,则不应考虑更换;若需将两层分开整形修理,应首先考虑工时费加辅料与其价值的关系,如果工时费加材料接近或超过其价值,则不应考虑修理。反之,应考虑修复。

4）三厢车后侧板

更换后侧板时需从车身上将其切割下来,目前国内绝大多数汽车维修厂在切割和焊接方面,满足不了制造厂提出的工艺要求,常因不当维修对汽车车身结构造成新的损伤。在国内现有汽车维修厂的设备和工艺水平不断提高下,后侧板只要有修理的可能性都应采取修理方法进行修复。

3. 塑料件修理与更换的原则

随着塑料件在汽车上的推广和运用,为汽车车身损伤评估带来了新课题。许多损坏的塑料件可以经济地修理而不用更换,特别是不必从车上拆下钣金件。塑料件是否修理与更换要从以下几个方面来考虑:

(1)对于燃油箱及要求严格的安全结构件,必须考虑更换。

(2)整体破碎应以更换为主。

(3)价值较低、更换方便的零件应以更换为主。

(4)应力集中部位,应以更换为主。

(5)基础零件,并且尺寸较大,受损形式为划痕、撕裂、擦伤或穿孔,这些零件拆装麻烦、更换成本高或无现货供应,应以修理为主。

(6)表面无漆面的、不能使用氰基丙烯酸粘接法修理的、且表面光洁要求较高的塑料零件,由于修理处会留下明显的痕迹,一般应考虑更换。

课题二　机械、电器主要零部件损伤评估

汽车碰撞事故中,汽车损伤不仅限于车辆的外部钣金件、塑料件、装饰件、车灯、车漆、风窗玻璃等,还会造成汽车碰撞后其他相关部位的损伤,如发动机、转向、悬架、空调、电气设备等。所以对汽车碰撞估损时必须精确的评估汽车机械和电器主要零部件的损伤。

一、发动机

汽车碰撞造成发动机部件最容易受损伤的是发动机的外部零件：传动轮、传动带、发动机支座、正时罩、油底壳和空气滤清器等，发动机如图9-18所示。如果正时罩或油底壳是由冲压金属板材制成，发生了轻微凹陷时，应拆下并进行金属加工。如果受损的正时罩和油底壳是由铸铁或铝合金板材制成，通常装在散热器支撑后方容易损坏，要仔细检查并更换。塑料的空气滤清器壳体可以通过塑料黏合剂进行修复。

如果汽车是侧面碰撞，汽车车架横梁会发生大幅移动。在检查发动机损伤时，应意识到即使汽车横梁和传动轮之间存在间隙，传动轮可能受到损坏，最好是启动发动机并观察传动轮有无摇摆。受损的传动轮无法修理，必须进行更换。如果传动轮损坏，那么装传动轮的泵或压缩机也可能受损，传动带需检查有无裂缝等。

如果汽车严重的正面或侧面碰撞，发动机支座可能受损，由于汽车横梁或散热器支架在碰撞中会移动，所以装在上面的部件也会移动，发动机支座通常就是这样弯曲的。观察支座、发动机和车架横梁的位置，通常支座与发动机和横梁成直角，如果不是直角，则表明发动机或横梁发生了位移。通过修理横梁可以恢复支座的正确角度，如果支座弯曲，就应进行更换。支座在严重的碰撞中可能断裂，要检查支座是否断裂，应将发动机支起，发动机向上移动，则支座可能断裂。还要检查安装自动变速器车辆上的发动机支座是否断裂，启动发动机，踩下制动踏板，挂入前进挡，不松开制动踏板的情况下轻踩加速踏板，如果发动机弹起，则支座可能断裂，需要进行更换。

二、冷却系统

汽车冷却系统在汽车碰撞中是最容易受到伤害。汽车最常用的汽油发动机或柴油发动机绝大多数都采用水冷方式进行冷却，即冷却液在缸体和缸盖内循环使发动机保持正常的工作温度。冷却系统一般由冷却液泵（俗称水泵）、冷却液套、散热器、风扇、软管、节温器、温度指示器、风扇护罩等零部件组成，冷却系统如图9-19所示。

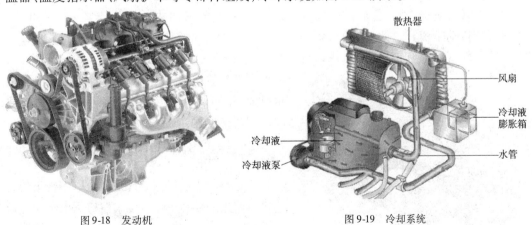

图9-18 发动机　　　　　图9-19 冷却系统

冷却液泵把冷却液从散热器的底部或侧面泵出，使其在发动机缸体和缸盖的内部水道里循环，这种内部冷却液道通常被称为冷却水套。从发动机流出的冷却液再从节温器流进散热器的顶部上储水室,然后再从上储水室慢慢流入散热器内的细管中。细管环绕着冷却翅片,这些细管和翅片称为散热器芯。冷却液从散热器的冷却液出口流出时,就开始了新一轮循环。当节温器打开时,冷却液将持续流过发动机和散热器。随着冷却液流经发动机缸体和缸盖,燃烧形成的热量就传递到冷却液中,冷却液流经散热器芯,热量就经过散热器芯翅片散发到空气中。散热器风扇是在急速或低速行驶时为散热器吹风,这样就确保了低速时有足够的空气流过散热器,确保良好的热传递效果。

汽车在正面碰撞中,散热器以及风扇总成通常会在碰撞力的作用下向后移动,并可能挤压到发动机上,造成二次碰撞损坏。散热器在进气格栅和发动机之间,它是冷却系统中最容易被撞坏的部件。散热器在碰撞中的损伤形式多种多样,最常见的一种是散热器芯损坏。根据碰撞的严重程度,风扇可能只会造成散热器芯的外观损伤,也可能毁坏散热器芯。变形的翅片可以用专用工具拉直,没有严重损坏的管路可以重新焊接。但是如果大块的冷却翅片松脱,或是管路被压扁或撕裂,则建议更换一个新的散热器芯。除了散热器芯受损之外,末端储水室也被损坏或是散热器严重腐蚀,那么更换散热器是更好的选择。

如果汽车碰撞后的散热器看上去没有造成任何明显的损伤,但是撞击力会在软管周围沿着散热器芯盖水管路连接缝处造成极细的裂纹,存在隐蔽的损伤,则应通过压力测试检测散热器有无泄漏。更换散热器时一般包括以下操作工时:

(1)排空冷却液,检查、重新加注冷却液。
(2)断开和重新连接软管。
(3)拆装电子风扇总成。
(4)拆装风扇护罩。

注意:

更换散热器时要计算冷却液的费用。

对于散热器风扇,如果叶片弯曲或损坏,不能再修理了,只能换新的。损坏或弯曲的风扇离合器也必须更换,这也是不可修理的项目。如果冷却液泵的轴已损坏,则应进行更换。散热器护罩通常是塑料制品,如果损坏不严重,可以通过塑料焊接工艺进行修理。传动带和软管由于有柔性,通常在碰撞中不会损坏。但是,有时为了松开一个受损部件,必须将好的传动带切开。此外,如果传动带上出现裂纹、烧灼、鳞片、变软,应当进行更换。散热器下软管内部有钢丝支撑,用以避免冷却液泵高速转动产生的局部真空使其塌陷。

如果下部软管已经被撞扁,则其内部的强化弹簧也已撞扁,如果不进行更换,汽车可能会在高速时出现过热问题。

三、悬架机构

汽车悬架中的任何零件是不允许用校正的方法进行修理的。当车轮定位仪器检测出车轮定位不合格时,用肉眼和一般量具无法判断出具体损伤和变形零部件,不要轻易做出更换悬架机构中某个零件的决定。图9-20所示为悬架机构。

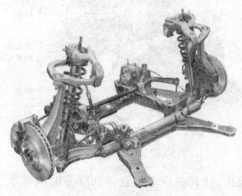

图9-20 悬架机构

项目九　主要零部件损伤评估

分析汽车碰撞造成车轮外倾角、主销内倾角、主销后倾角数据不对时,应考虑汽车碰撞事故不可能造成汽车轮胎的不均匀磨损。可通过检查轮胎的磨损是否均匀,初步判断汽车是碰撞前造成的还是碰撞后造成的车轮定位数据不对。例如桑塔纳的车轮外倾角、下摆臂橡胶套的磨损、锁板固定螺栓的松动,都会造车车轮外倾角的增大。再检查车身定位尺寸,消除诸如摆臂橡胶套的磨损等原因,校正好车身,使相关定位尺寸正确后,再做车轮定位检测。如果此时车轮定位检测仍不合格,再根据具体的损伤部件,逐一检测,直至损伤部件确认为止。由于汽车悬架机构中的零件都属于安全部件,而且价格又较高,所以损伤评估工作需要非常细心。

四、基础件

发动机缸体、变速器、主减速和差速器的壳体往往用铸铁或铝合金铸造而成,在汽车碰撞时遭受冲击力载荷,常常会造成固定支架的断裂。例如桑塔纳轿车在遭受正面碰撞时,汽缸盖、发动机固定处可能发生碰撞断裂,若碰撞严重时还可能导致壳体断裂。不论是铸铁或铝合金铸件,用焊接方法修理在工艺上有相当的难度,而且焊接后有可能会造成其变形,因此,一般考虑更换。

五、空调

空调主要由压缩机、冷凝器、储液罐/干燥器、蒸发器、膨胀节流装置等零部件组成,汽车空调系统如图9-21所示。汽车空调系统具有调节车内温度、湿度,促使车内空气循环以及净化空气的功能。按操纵方式可分为手动空调和自动空调两种。手动空调在驾驶人需要时可手动调节气温,而自动空调则根据驾驶人设定的温度自动运行,使车内保持恒温状态。

汽车碰撞中空调最容易损伤,其中一些空调零件可以修理,而另一些空调零件则必须更换。当空调压缩机在碰撞中受损时,离合器和带轮总成通常首先被损坏,这些零部件可以拆下后单独进行修理或更换。受损

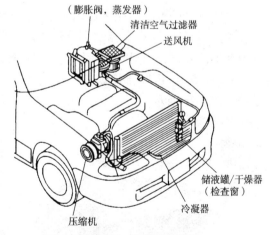

图9-21　汽车空调系统

后压缩机本身可以进行拆解和修理,压缩机前端有一个密封件,用来防止制冷剂和制冷机油泄漏到压缩机轴周边,损坏后进行更换。冷凝器可能会在前端碰撞中受损,它上面的导流翅片与散热器翅片类似,可以进行拉直操作,通过焊接可以修复其泄漏问题。如果冷凝器严重损坏则必须更换。冷凝器损坏后,应检查储液罐/干燥器有无损坏。蒸发器、热膨胀阀入口节流阀很少在碰撞中受损,如果蒸发器损坏,外壳和蒸发器芯可以分别进行更换。如果入口节流阀损坏,则进行更换或维修。一旦维修操作中需要断开制冷剂管路,则必须增加排出制冷剂的额外工时,为进行拆装而额外拆卸其他零件的工时必须要计入。

制冷剂和机油的费用也要加到估损费用中。

六、电器件

汽车电器件在遭受碰撞后，外观虽然没有损伤，但一定要认真检查，汽车碰撞会造成电气系统过载，相应的熔断器、熔断丝、大限流熔断器都需要更换。自动式断路器可自动复位循环使用，手动式断路器需人工复位，循环使用。当今的汽车已成为机械、电子一体化的产品，其电气系统除了传统的照明、信号、启动、充电、点火、喇叭、刮水器等系统外，还增加了先进的科技产品、导航系统、带记忆的加热电动座椅、电动天窗、倒车雷达等装置。图9-22所示为汽车电气线路图。如汽车充电系统：汽车的蓄电池不具有长期给电气系统供电的能力，所以需要不断充电。充电系统的作用有两个：一是为蓄电池充电；二是发动机工作时，向电器元件供电。现在汽车上普遍采用的是交流充电系统。所以，发电机产生的交流电在输出前必须整流转变为直流电。每次启动发动机时，由蓄电池供给启动系统和点火系统所需的全部电流。随着蓄电池不断的消耗和发动机转速升高，充电系统产生的电压可以超过蓄电池电压。如果用电需求增加，充电系统是输出电压低于蓄电池电压时，蓄电池就和充电系统一起供应电气系统所需的电流。充电系统主要由以下部件组成：蓄电池、交流发电机、传动带、电压调节器、充电指示器（灯或仪表）、点火开关、电缆和线束、启动机继电器以及易熔线。

七、照明

汽车照明主要用于夜间照明道路，标示车宽度，车内照明，仪表和夜间检修等。汽车照明系统由电源、照明装置和控制部分组成。控制部分包括各种灯光开关继电器等。照明装置包括外部灯、内部灯和工作照明灯。外部灯包括：前照灯、雾灯、倒车灯、牌照灯等。内部灯包括：仪表灯、顶灯、阅读灯等。工作照明灯包括：行李舱灯、发动机罩灯等。汽车照明系统如图9-23所示。

图9-22 汽车电气线路图

图9-23 汽车照明

现代汽车上的灯光系统非常复杂。汽车灯光系统大致相同，但是具体到各种车型，区别还是很大的，维修某车型的灯光系统时，要参考该车型的维修手册。前照灯主要用于夜间行车时道路照明，灯光为白色，包括远光灯和近光灯。前照灯由灯泡、反射镜和配光镜组成。现代汽车使用的前照灯有三种基本类型：封闭式、卤钨封闭式和半封闭式。根据外形不同还可分为圆形、矩形和其他特殊形状的前照灯。标准封闭式前照灯不用单独的灯泡,而是直接将灯丝作在灯芯总成内,然后充气才能防止灯丝氧化,反射镜强化灯丝发出的光,配光镜引导光线形成要求的光束。碘蒸气小灯泡构成的卤钨灯芯在汽车上应用最为广泛,灯芯里面的卤钨灯泡由高温玻璃和钨丝制成,灯泡装入封闭的灯芯壳内。由于灯泡内充了卤素气体,钨丝比一般封闭式前照灯内的钨丝能耐更高温度,照明更亮。半封闭式前照灯装置的灯泡可以单独更换,许多半封闭式前照灯壳带有通风口,使得配光镜内表面容易凝结水珠。凝结的水珠对灯泡无害,亦不影响前照灯的照明,因为灯亮时卤钨灯泡产生的热量很快便驱散凝结的水珠。在更换半封闭式前照灯灯泡的时候,切勿用手指触及灯泡玻璃壳,会缩短玻璃壳寿命。在估损时除了考虑前照灯的拆卸和更换工时外,还要考虑前照灯的对光调整工时。

现代汽车的外部灯多为组合式,又称为组合灯。组合灯内一般有制动灯、转向灯和驻车灯等。因车型不同略有差异,在发生小损伤时,通常是更换透镜而不是整个总成。雾灯是在有雾、下雪、暴雨或尘土弥漫的行驶条件下,为改善照明条件,提高能见度而设置的照明设备,也可起到信号标志灯的作用。雾灯多使用穿透力强的黄色灯,其灯泡或配光镜制成黄色。雾灯的结构与前照灯相近,其种类也有半封闭和封闭式,常用的是半封闭式,其灯泡有白炽灯泡和卤素灯泡。

教学互动作业:
(1)观看汽车碰撞教学片(附视频"项目九 汽车碰撞")。
看完教学片后每四人一组进行讨论:
①汽车安全技术有哪些装置(正面碰撞、侧面碰撞)措施。
②视频中汽车碰撞后对车身的损伤有哪些,具体写出。
③视频中汽车碰撞后可能有哪些主要零部件损坏,具体写出2~3个你熟悉主要零部件的损伤。
(2)写出车身损伤钣金件修理与更换的原则。
①承载式车身钣金件修理与更换的原则。
②非结构钣金件修理与更换的原则。
(3)根据某车的碰撞事故,观察现场车损情况,确认车身板件的损伤和机械零部件的损伤情况并写出各零部件名称和损伤程度清单。

项目十 汽车修理工时的确定

学习目标

完成本项目学习后,你应能:
1. 了解汽车碰撞损伤修复与更换的原则;
2. 了解什么是修复工时、换件工时、拆检工时、涂装工时;
3. 了解汽车修复作业工时的计算方法。

建议课时:10课时。

汽车维修工艺,分为换件与受损件修复两大类。而更换与修复却没有一个明确而统一的标准。但更换与修复在实际生产中却是有基本的原则需要维修技师与定损人员去掌握的。合理修复工艺的制订,是衡量汽车车身修复水平的一个重要标志。在保证汽车修复质量的前提下,用最小的成本,完成受损部位修复是制订事故碰撞汽车修复方案的重要原则之一。

课题一 汽车碰撞损伤修理与更换

一、受损零件换修分析

在汽车的损失评估中,受损零件修复与更换的标准是一个难题。在保证汽车修理质量的前提下,"用最小的成本完成受损部位修复"是评估受损汽车的原则。碰撞中受损零件有承载式车身结构钣金件、非结构钣金件、塑料件、机械件及电器件等。

1. 承载式车身结构钣金件的修复与更换

车身结构钣金件是指通过点焊或激光焊接工艺连在一起,构成一个高强度的车身箱体的各组成件,通常包括纵梁、横梁、减振器塔座、前围板、散热器框架、车身底板、门槛板、立柱、行李舱底板等。图10-1所示为车身结构钣金件。车身结构钣金件碰撞受损后修复与更换的判断原则是"弯曲变形就修,折曲变形就换"。

图10-1 车身结构钣金件

零件发生弯曲变形,其特点是:损伤部位与非损伤部位的过渡平滑、连续;通过拉拔矫正可使它恢复到事故前的形状,而不会留下永久的塑性变形。如图10-2所示为车门外板上的弯曲变形。

零件发生折曲变形,其特点是:变形剧烈,曲率半径小于3mm,通常在很短长度上弯曲可达90°以上;校正后零件上仍有明显的裂纹或开裂,或者出现永久变形带,不经高温加热处理不能恢复到事故前的形状。图10-3所示为车身结构件折曲变形。图中,B柱、C柱、门槛梁处均出现折曲变形。

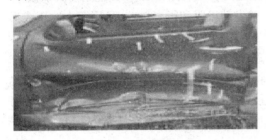

图10-2　车门外板上的弯曲变形

图10-3　车身结构件折曲变形

2. 非结构钣金件的修复与更换

非结构钣金件又称车身覆盖钣金件,它们通过螺栓、胶粘接、铰接或焊接等方式覆盖在车体表面,起到密封车身、减小空气阻力、美化车辆的作用。承载式车身的覆盖钣金件通常包括可拆卸的前翼子板、车门、发动机罩、行李舱盖,和不可拆卸的后翼子板、车顶等。非结构钣金件如图10-4所示。

1)可拆卸件的修复与更换

(1)前翼子板。损伤程度没有达到必须将其从车上拆下来才能修复的程度,如整体形状还存在,只是中间局部凹陷,一般不考虑更换。图10-5所示为前翼子板,灰色部分为前翼子板,为车身上的可拆卸部件。

损伤程度达到必须将其从车上拆下来才能修复的程度,并且前翼子板的材料价格低

图10-4　车身非结构钣金件

廉、供应流畅,材料价格达到或接近整形修复的工时费,可以考虑更换。图10-6所示为需更换的前翼子板损伤状态。

图10-5　前翼子板

图10-6　需更换的前翼子板损伤状态

如果每米长度超过3个折曲、破裂变形；或已无基准形状,应考虑更换(一般来说,当每米折曲、破裂变形超过3个时,整形和热处理后很难恢复其尺寸)。如果每米长度不足3个折曲、破裂变形,且基准形状还存在,应考虑整形修复。如果修复工时费明显小于更换费用,应考虑以修复为主。

(2)车门。如果门框产生折曲变形,一般来说是无法修复的,应考虑更换。许多车的车门面板是作为单独零件供应的,损坏后可单独更换,不必更换总成。其他同前翼子板。

(3)发动机罩和行李舱盖。绝大多数汽车的发动机罩和行李舱盖,是用两个冲压成形的冷轧钢板经翻边胶粘接制成的。图10-7所示为发动机罩的双层结构。

判断碰撞损伤变形的发动机罩或行李舱盖,应看其是否要将两层分开进行修理。如果不需将两层分开,则应考虑不予更换；若需将两层分开整形修理,应首先考虑工时费加辅料与其价值的关系,如果工时费加辅料接近或超过其价值,则应考虑更换。反之,应考虑修复。图10-8所示为严重曲折变形的发动机罩。如发动机罩有严重曲折变形,应予更换。

图10-7　发动机罩的双层结构

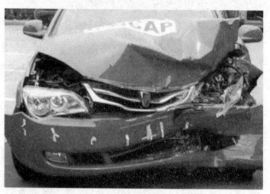

图10-8　严重曲折变形的发动机罩

2)不可拆卸件的修复与更换

碰撞损伤的汽车中最常见的不可拆卸件就是三厢车的后翼子板,由于更换需从车身上将其切割下来,而国内绝大多数汽车维修厂在切割和焊接上,满足不了制造厂提出的工艺要求,从而造成车身结构方面新的修理损伤。所以,在国内现有维修行业的设备和工艺水平条件下,后翼子板只要有修理的可能都应采取修理的方法修复,而不应像前翼子板一样存在值不值得修理的问题。图10-9所示为与车身侧板一体化的后翼子板。

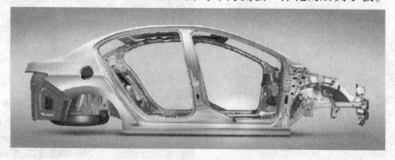

图10-9　与车身侧板一体化的后翼子板

3. 塑料件的修复与更换

随着汽车工业的发展,车身各种零部件越来越多地使用了各种塑料,特别是在车身前端(包括保险杠、格栅、挡泥板、防碎石板、仪表工作台、仪表板等)。许多损坏的塑料件可以经济地修理而不必更换,如划痕、擦伤、撕裂和刺穿等。此外,由于某些零件更换不一定有现货供应,修理往往可迅速进行,从而缩短修理工期。

不同车型、不同部位所用塑料材料不尽相同,即使是同一款汽车或同一部件也有可能使用不同的塑料材料。这通常是因为汽车制造厂更换了配件供应商,或者是改变了设计或生产工艺而致。

塑料件的修复与更换应从以下几个方面考虑:

(1)对于燃油箱及要求严格的安全结构件,必须考虑更换。

(2)整体破碎以更换为主。

(3)价值较低、更换方便的零件应以更换为主。

(4)应力集中部位,应以更换为主。

(5)基础零件尺寸较大,受损以划痕、撕裂、擦伤或穿孔为主,这些零件拆装麻烦、更换成本高或无现货供应,应以修理为主。

(6)表面无漆面的、不能使用氰基丙烯酸酯粘接法修理的、且表面粗糙度要求较高的塑料零件,由于修理处会留下明显的痕迹,一般考虑更换。图10-10所示为需更换的前保险杠。

4. 机械类零件的修复与更换

1)悬架系统、转向系统零件

汽车悬架系统中的任何零件是不允许用校正的方法进行修理的,当车轮定位仪器检测出车轮定位不合格时,用肉眼和一般量具无法判断出具体损伤和变形的零部件,不要轻易做出更换悬架系统中某个零件的决定。图10-11所示为悬架系统与车身。

图10-10 需更换的前保险杠

图10-11 悬架系统与车身

悬架系统与车轮定位的关系为:对非承载式车身而言,正确车轮定位的前提是正确的车架形状和尺寸;对承载式车身而言,正确车轮定位的前提是正确的车身定位尺寸。车身定位尺寸的允许偏差一般在1~3mm。

车轮外倾、主销内倾、主销后倾等参数都与车身定位尺寸密切相关。如果数据不对,首先分析是否因碰撞造成,由于碰撞事故不可能造成轮胎的不均匀磨损,可通过检查轮胎的磨损是否均匀,初步判断事故前的车轮定位情况。再检查车身定位尺寸,相关定位尺寸正确后,做车轮定位检测。如果此时车轮定位检测仍不合格,再根据其结构、维修手册判断具体的损伤部件,逐一更换、检测,直至损伤部件确认为止。上述过程通常是一个非常复杂而烦琐的过程,又是一个技术含量较高的工作,由于悬架系统中的零件都属于安全部件,价格较高,鉴定评估工作切不可轻率马虎。转向机构中的零件也有类似问题。典型悬架系统的组成如图10-12所示。

2)铸造基础件

发动机缸体、变速器、主减速和差速器的壳体往往用球墨铸铁或铝合金铸造而成。在遭受冲击载荷时,常常会造成固定支脚的断裂,而球墨铸铁或铝合金铸件都是可以焊接的。

一般情况,对发动机缸体、变速器、主减速和差速器的壳体的断裂是可以通过焊接修复的。当然,不论是球墨铸铁还是铝合金铸件,焊接都会造成变形。这种变形通常用肉眼看不出来,如果焊接部位附近对形状尺寸要求较高,如在发动机汽缸壁或变速器、主减速和差速器的轴承座附近产生断裂,用焊接的方法修复常常是行不通的,一般应考虑更换。图10-13所示为球墨铸铁材质经加工完成后的发动机缸体。

图10-12　悬架系统组成　　　　　　　图10-13　发动机缸体

5.用电器件的修复与更换

有些用电器件在遭受碰撞后,虽然外观没有损伤,然而"症状"却是"坏了",是真的"坏了",还是系统中的电路保护装置出现问题,对此一定要认真检查线路。

如果电路过载或短路就会出现大电流,导致导线发热、绝缘损伤,可能会酿成火灾。因此,电路中必须设置保护装置。熔断器、熔断丝、大限流熔断器和断路器都是过载保护装置。它们可单独使用,也可配合使用。碰撞会造成系统过载,熔断器、熔断丝、大限流熔断器和断路器等会因过载而停止工作,出现断路,"症状"就是"坏了"。

如果确认用电器件损坏,通常是可以维修的,如果企业没有相关技师,可以交给专业的电器维修店进行。像液晶显示屏之类的器件损坏,则只有更换了,它们不能进行修理。

6.橡胶及纺织品的修复与更换

汽车上的纺织品、橡胶件很多(如内饰、坐垫、轮胎等)。发生碰撞时,纺织品的损坏形式一般是漏油污染、起火燃烧、撕裂等。只要纺织品受到损坏,一般需更换,个别污染不太严重的,可通过清洗等方式予以恢复。

橡胶具有良好的耐磨性、柔性、不透水性、不透气性及电绝缘性等,主要用作轮胎、垫圈、地板等,起到耐磨、缓冲、防尘、密封等作用。汽车上的橡胶制品损坏形式一般为老化、破损、烧损等。损坏后,无法修复或没有修复价值的,只能更换。

二、汽车碰撞损伤零部件的更换原则

综上所述,汽车碰撞损伤零部件的更换原则如下。

1. 无修复价值的零件

汽车发生事故后,某些损坏的零部件虽然从技术的角度可以修复,但从经济学的角度考虑基本没有修复价值了,即修复价值接近或超过零部件原价值的零部件。

2. 结构上无法修复的零部件

某些结构件,由于所用原材料的缘故,发生碰撞后,一旦造成破损,一般无法进行维修,只能进行更换。脆性材料的结构件,一般都具有这一特性,如汽车灯具的损毁,汽车玻璃的破碎等。

3. 安全上不允许修复的零部件

为保证使用安全,汽车上某些零部件,一旦发生故障或造成损坏,往往不允许修复后再用,如某些车型行驶系统的车桥和悬架、转向系统的所有零部件、制动系统的所有零部件、安全气囊的传感器等。

4. 工艺上不可修复后再使用的零部件

某些结构件,由于工艺设计就存在不可修复后再使用的特点,如胶贴的风窗玻璃饰条、胶贴的门饰条、翼子板饰条等。这些零部件一旦被损坏或开启后,就无法再用。

汽车碰撞受损伤件如果出现如下情形的,宜采用修复方式进行维修,否则应更换受损件。

(1)质量、寿命有保证。修复后零部件的使用寿命应能达到新件使用寿命的80%以上,且应能与整车的使用寿命相匹配。

(2)修理零部件的费用与新件价格的比较。价值较低的,一般修理费用应不高于新件价格的30%;中等价值的,一般修理费用应不高于新件价格的50%;总成的修理费用,不可大于新件价格的80%。

(3)对某些老旧车型。凡市场上已很难购到的配件,且尚可修理的,其修理费用虽高一些,也要应采用修复的方式进行维修。

汽车修复作业包含有不同的工种,一个工种又分成不同的工序。每一个工序的完成,都有特定的标准工作时间,即工时定额。工时定额决定着维修费用。准确核定汽车修复作业工时,关系到企业、生产工人、车主等各方的利益,是汽车修复前一项非常重要的工作。

课题二 人工估算汽车修复作业工时

一、工时和工时定额

1. 工时的概念

工时,是工时定额的简称。工时定额,又称为时间定额,两者为同义语,单位为小时

(h)。

汽车维修工时定额,是指在一定生产条件下进行维修作业所消耗的劳动时间标准。是确定维修工时费用的重要依据。

工时,与企业劳动生产率的提高,与维修技师的收入密切相关,也是当地汽车维修技术水平高低的一个标志。一般技师在平均劳动条件下和按照制造商维修手册规定的工序,应能在规定的时间内完成维修作业。

工时定额,一般随着地域、维修厂类别、工种、汽车级别(技术复杂程度)的不同而不同。

《汽车维修工时定额》和《汽车维修收费标准》由各省、自治区、直辖市交通主管部门按国家有关规定制定,报当地物价部门审批执行。

2. 汽车维修工时定额的种类

汽车维修工时定额,根据汽车的维修类别和维修工艺规范的基本要求,包括汽车大修工时定额、汽车总成大修工时定额、汽车维护工时定额、汽车小修工时定额4种。

(1)汽车大修工时定额。是指对一部汽车完成大修作业所需要的工时限额。汽车大修工时定额应分别根据车辆类别、车辆型号、技术含量,并参考车辆厂牌制定。

(2)汽车总成大修工时定额。是指对汽车某一总成完成其大修作业所需要的工时限额。汽车总成大修工时定额应分别根据车辆类别、车辆型号、技术含量,并参考车辆厂牌的总成制定。

(3)汽车维护工时定额。是指对一部汽车完成维护作业所需要的工时限额。汽车维护工时定额应分别根据车辆类别、车辆型号、技术含量,并参考车辆厂牌的维护级别制定。

(4)汽车小修工时定额。是指对汽车完成某一单项小修作业所需要的工时限额。汽车小修工时定额应分别根据车辆类别、车辆型号、技术含量,并参考车辆厂牌的每一单项具体作业制定。

3. 制订汽车维修工时额定的原则

制订汽车维修工时定额是汽车维修行业管理和企业生产经营管理的基础工作。对于投保车辆,维修工时定额是出险车辆理赔工作的基础。维修工时定额不仅仅是一个劳动时间定额,重要的是定额要体现工艺设计和施工方法,体现出现代汽车的技术含量,保证做到耗时少、功效高、质量优。为此,在制订汽车维修工时定额时,应遵循如下3项基本原则:

(1)现实性。要求定额的水平要相对合理,要考虑到当地汽车维修行业管理水平和企业生产管理水平,考虑到工人的技术水平、工装设备水平和材料配件等。定额应制订在行业平均先进水平,是企业能在该定额水平指导下,按质、按量完成各项维修作业,满足行业各项技术标准。

(2)合理性。要求在不同车型之间、不同工种之间的定额水平保持平衡,使其定额的实现比例和超额比例大体接近,避免相差悬殊、宽严不等。以防因工时定额制订不合理,造成有些作业的维修费用过高,而有些作业因工时不足达不到技术要求。

(3)特殊性。在制订维修工时定额时,应考虑到现代汽车采用的新工艺、新结构、新技术。要满足这些新工艺、新结构、新技术的要求,对不同条件或特殊情况下进行的作业,应采取不同的工时定额。在制订这些特殊型作业的工时定额时,一定要广泛征求管理人员、技术工人等各方面的意见和建议,使定额水平合理、公平。

4. 制订汽车维修工时定额的方法

汽车维修工时定额的制订方法,应与当地汽车维修行业发展情况和企业生产特点、生产技术条件、生产规模相适应。常见的工时定额制订方法有如下6种:

(1)经验估算法。经验估算法是由估损人员、生产工人(老工人)、技术人员根据自己的经历和经验,经过对维修项目、工艺规程、生产条件(如设备、工具、工人技术水平等)以及现场实际情况等方面的分析,结合过去完成同种维修作业或类似维修作业的实际经验资料,用估算的方法来确定工序的时间定额。经验估算法具有简便易行、易于掌握、工作量小,便于定额的及时制订和修改等优点。比较适用于作业量小、工序较多或临时性作业中。这种方法的缺点是对构成定额的各种因素缺乏仔细的分析和计算,技术依据不足,并容易受到估算工作人员主观因素的影响,因而定额的准确性一般比较差。因此,使用这种方法确定工时定额时,要求估工人员,尤其是估损人员生产经验丰富、技术水平较高、责任心较强,要仔细客观地分析各种技术资料,以求客观公正。

(2)统计分析法。统计分析法是根据过去同类维修项目实际工时消耗的统计资料,进行认真的分析整理,剔除其中不正常因素的影响,结合当前维修项目施工的技术组织和生产条件来制订工时定额的方法。统计分析法的优点是以较多的统计资料为依据,使制订的工时定额较为准确,方法相对比较简单易行,工作量也比较小,在统计制度比较健全、资料数据比较准确的条件下,此方法比较容易实现。缺点是,对于较复杂的维修工艺和数量繁多的工序以及繁重的统计工作量将会影响到资料的准确性。统计分析法制订工时定额的准确性,基本取决于统计资料的可靠程度。因此,为了保证工时定额具有较高的准确性,就需要建立真实、完整的原始记录,建立严格的统计制度,加强统计工作,建立健全各级业务核算制度,真实全面地积累工时消耗统计资料。在制订工时定额过程中,还要仔细对比过去与当前生产技术、组织条件的变化,如人员结构、工艺水平与要求,工作量大小,配件材料有何不同,新技术、新设备的运用等。

(3)技术测定法。技术测定法就是根据对生产技术条件和组织条件进行分析研究,再通过技术测定和计算,确定合理的维修工艺程序、操作方法和工时消耗限额。然后在充分挖掘生产潜力的基础上,制订相应的技术措施和组织措施,从而制订出维修工时定额。技术测定法的制订过程相对比较烦琐,需要完成工序分析、设备情况分析、劳动组织分析、工人技术分析、维修操作分析等各种分析,包括维修工序的结构、衔接是否合理,生产工人的操作是否合理,有无不必要的操作和交叉作业,维修工艺规程、维修项目、技术要求是否合理,设备性能是否得到充分发挥,劳动分工和维修现场布置是否合理,对工人作业有无影响等。通过详细地分析研究,确定作业内容,进而确定维修工时定额。技术测定法在制订工时定额时,是按单项工序时间的各种组成部分,分别确定它们的定额时间。按确定时间的方法不同,又可分为分析研究法和分析计算法两种。分析研究法是采用工作日写实和测时的方法来确定工序时间定额各个组成部分的时间。分析计算法是根据写实、测试和其他调查统计方法长期积累的具有一定规律的资料进行计算确定。技术测定法的优点是,分析维修技术条件和组织条件的内容比较全面、系统,有比较充分的技术数据,方法科学细致,所制订的工时定额的准确性比其他方法都高。缺点是方法细致复杂,整个工作费时费力,需要有系统的资料支持,故不易做到及时。

(4)类推比较法。类推比较法是根据现有车型维修项目的工时定额为依据,经过对比分析,推算出另一种车型同类项目的维修工时定额的方法。其优点是简便易行,基本能保证定额水平。缺点是这种方法收到同类维修项目可比性的限制,通用性较差。

(5)典型定额法。典型定额法是根据每一维修项目的同类作业挑选出具有代表性的车型作为"样板"。首先为典型车型制订定额(采用上述任何一种方法均可),之后,其他同类的维修项目便可根据其相同作业部位构造的繁简、作业的难易程度等情况,用典型车型的定额相比较来确定定额。

(6)幅度控制法。幅度控制法是由部门或企业参照历史资料和先进企业同类车型或同类作业工位的维修定额,结合提高生产率的可能性,充分估计现有潜力,结合实际情况确定工时定额的方法。

上述制订工时定额的6种方法各有长短,在使用上各有其局限性。在实际运用中,要结合地区生产环境和现状,考虑到经济上的合理性和客观上的可能性,综合平衡,制订合理的维修工时定额。在此基础上参照当地执行的单位工时费用计算出全部维修工时费用。

某地汽车大修工时定额标准(节选)见表10-1。

某地汽车小修工时定额标准(节选)见表10-2。

大修工时定额标准(单位:h) 表10-1

项目名称 \ 车型	微型轿车	中型轿车	高级轿车	吉普车	中小型客车	大型客车	微型货车	中型货车	大型货车	备注
全车大修	780	1250	1350	760	1300	2070	740	820	1140	
发动机大修	200	320	370	200	240	280	200	230	250	
离合器大修	35	45	70	40	60	120	35	40	70	
变速器大修	40	70	80	50	80	110	40	50	75	传动轴
后桥总成大修	55	75	90	50	100	180	60	70	130	
制动系统大修	40	50	65	50	100	150	45	65	120	
前桥总成大修	50	60	85	50	100	120	55	60	90	
转向系统大修	35	60	65	50	70	80	45	60	80	
车身大修	200	450	450	250	580	800	180	280	380	驾驶室
车架大修	70	75	85	70	130	200	75	90	130	
全车喷漆	170	320	400	160	320	380	120	160	200	
二级维护	40	50	55	40	70	85	40	50	90	

小修工时定额标准(节选)(单位:h)　　　　　　表 10-2

项目名称 \ 车型	微型轿车	中型轿车	高级轿车	吉普车	中小型客车	大型客车	微型货车	中型货车	大型货车	备注
调高压泵					20.0	20.0		20.0	20.0	
调修喷油头					20.0	22.0		20.0	22.0	
调怠速	3.0	3.5	4.0	3.5	3.5	3.5	3.5	3.5	3.5	
调修分电器	7.0	8.0	9.0	6.0	7.5	7.5	7.0	7.0	7.5	
换高压线	1.5	2.5	4.0	2.0	2.5	3.0	2.5	3.5	3.5	
换火花塞	1.5	2.5	4.5	3.0	3.0	4.0	3.0	4.0	4.0	
修换燃油泵	5.5	6.0	8.0	5.0	6.0	5.5	5.5	5.5	5.5	
对气门	3.5	5.0	7.0	6.0	6.5	6.5	4.5	6.5	6.5	
换正时链条	21.0	25.0	28.0	24.0	24.0	24.0	21.0	22.0	28.0	
换汽缸垫	19.5	27.0	38.0	19.0	22.0	22.5	19.5	21.0	27.0	
换进排气管垫	13.5	14.0	16.5	11.5	13.5	13.5	14.0	14.0	17.5	
换进排气接口垫	3.5	6.0	6.5	4.0	4.5	5.0	4.0	4.0	5.0	
换油底壳	14.0	20.0	24.0	18.5	18.5	20.0	16.0	17.5	20.0	
清洗机油粗滤器	4.0	4.5	4.5	4.5	4.5	5.0	5.0	5.0	5.0	
清洗空气滤清器	1.5	2.0	2.5	1.5	1.5	1.5	1.5	1.5	1.5	

汽车维修厂根据长年的修车经验,参照有关规定和汽车维修手册,制订出本厂的维修工时定额,如东风日产系列、丰田系列、奥迪系列、现代系列等都有各自的维修工时定额标准,表 10-3 为某厂四缸奥迪工位工时定额(摘录)。

5.修复工时的确定

对于事故车的估损,工时定额一般有以下几个来源:

(1)对于部分进口乘用车,可以查阅该车型的《碰撞估损指南》,如美国 MITCHELL 公司和 MOTOR 公司编写的《碰撞估损指南》,不仅提供了各总成的拆装和更换工时,部分总成还提供了大修工时,并且考虑到了各部件之间的重叠工时,是比较适用的估损工具。

(2)对国产车型和部分进口车型,可以参照各车型主机厂的《工时手册》和《零件手册》中的各个项目的工时,然后累加即可。但要注意剔除重叠的工时部分。

(3)如果没有《工时手册》和《零件手册》或手册中没有列出相应工时,可参考当地汽车维修行业所使用的汽车大修工时、总成大修工时及汽车小修工时确定。

二、工时费

汽车维修工时费是指维修工人在维修时需要的时间和费用。国家没有统一的标准,各地依据当地的经济水平、技术水平制订并经物价局审批的。

工时费的计算方式是:

$$工时费 = 工时定额 \times 工时单价$$

式中:工时定额——实际维修作业项目核定的结算工时数;

工时单价——某一工序单位工时的价格。

某厂四缸奥迪轿车维修工时定额（摘录）　　　　　　表10-3

编号	项目名称	工时费（元）	工时（h）	工位号
5000	事故修复	0.00	0	
5010	更换左纵梁	900.00	60	50795562
5011	左纵梁整形	1050.00	70	50796300
5012	更换右纵梁	900.00	60	50795562
5013	右纵梁整形	1050.00	70	50796300
5021	副梁位置校正	2250.00	150	51010300
5022	副梁定位螺母焊接	150.00	10	
5030	前散热器框架整形（S1）	450.00	30	50106300
5031	前散热器框架整形（S2）	300.00	20	50106300
5032	前散热器框架整形（S2）	360.00	24	50106300
5038	更换散热器框架	360.00	24	50105500
5055	拆装右前翼子板	360.00	24	50555900
5056	更换右前翼子板	360.00	24	50555900
5057	右前翼子板整形（S1）	360.00	24	50556300
5058	右前翼子板整形（S2）	450.00	30	50556300
5059	右前翼子板整形（S3）	450.00	30	50556300
5061	拆装左前翼子板	360.00	24	50555900
5062	更换左前翼子板	360.00	24	50555900
5063	左前翼子板整形（S1）	360.00	24	50556300
5064	左前翼子板整形（S2）	450.00	30	50556300
5065	左前翼子板整形（S3）	450.00	30	50556300
5074	更换左前轮罩	180.00	12	50745512
5075	更换右前轮罩	180.00	12	50745512
5076	左前轮罩整形	150.00	10	
5077	右前轮罩整形	150.00	10	

三、汽车碰撞修复各项工时确定

1. 附加工时（辅助工时）

辅助工时的确定通常包括：把待修汽车安放到修理设备上并进行故障诊断所需要的工时；用推拉、切割等方式拆卸撞坏的零部件所需要的工时；相关零部件的校正与调整所需要的工时；去除内漆层、沥青、油脂及类似物质所需要的工时；修理生锈或腐蚀的零部件所需要的工时；松动锈死或卡死的零部件所需要的工时；检查悬架系统和转向系统的定位所需要的工时；拆去破碎的玻璃所需要的工时；更换防腐材料；拆卸及装回车轮和轮毂罩所需要的工时。虽然每项工时都不长，但对于较大的碰撞事故，各作业项累计工时通常是不能忽视的。

在计算作业工时时,主要考虑的附加工时如下:

(1)准备时间。

(2)防腐抗锈材料施工。

(3)碎玻璃的清理。

(4)电气元器件、线束的拆检。

(5)必要的拆卸和安装时间。

(6)在断电进行修理时,应重新启动记忆模块功能的时间。

(7)车架调整。

(8)清洗零件。

(9)测量和检验。

(10)塞堵和修整孔。

(11)修理和校准。

(12)修复零件。

(13)润滑油和润滑脂排除与添加。

(14)移装时间。图10-14所示为车身校正台上待修的汽车。为将汽车移至车身校正台,应该在汽车修复作业中考虑此项附加工时,即"移装工时"。

图10-14　车身校正台上的汽车

2. 拆装和更换工时

拆装和更换工时是指把损坏的零件或总成从车上拆下来,拆下该零件上的螺栓安装件或卡装件,把它们并转移到新件上,然后再把这个新零件或总成安装到车辆上,并调整和对齐所需的工时。有时,拆装还包括把一些没有损伤的零部件或总成,由于结构的原因,当维修人员更换、修复、检验其他部件时,需要拆下该零部件或总成,并在完成相关作业后再重新装回。所以,此时要求评估人员对被评估汽车的结构非常清楚,对汽车修理工艺了如指掌。

对换件工时进行正确评估的关键,是要了解哪些修理作业包括在拆卸和安装时间中,而哪些不包括在内。

车门或保险杠等的装配已包括个别部件的拆卸和安装工时,不应在评估报告中单列。

汽车碰撞损失的更换、拆装项目工时的确定可以从《汽车维修工时定额与收费标准》

中查找。

3. 维修工时

维修工时是指对某些零部件或总成进行分解、检查、测量、调整、诊断、故障排除、重新组装等操作所需要的工时。维修工时的确定非常复杂；零部件价格的不同、地域的不同、维修工艺的不同等，都可能造成维修工时的不同。

1) 钣金件修复工时

矫直损坏钣金件的作业工时称为钣金件修复工时。钣金件修复工时与汽车的档次直接相关。对于完全相同的一个部位，如果发生在低档车上，由于技术水平要求低，可能所需要的工时不是太长，假如发生在高档车上，则由于技术要求高，所花费的精力以及所要求的技术水平均高，所需要的工时也自然要长。图10-15所示为钣金修复作业情景。

对钣金件修复工时进行计算时，需要掌握以下修复内容：

(1) 检查钣金件。
(2) 制订维修工序。
(3) 粗略估计损坏情况。
(4) 刮掉油漆。
(5) 混合填料。
(6) 对车身进行填料作业。
(7) 打磨车身填料。

图10-15　钣金修复作业情景

2) 车架修复工时

(1) 将汽车安装到车架维修设备上的时间。严重损坏的汽车（即由于悬架损坏而不能行驶的汽车）将需要附加时间进行固定。

(2) 损坏测量时间。

(3) 准备时间。为了对已损坏板件进行维修，可能需要拆卸某些未损坏的零件，所需时间就是准备时间。

(4) 车架调整时间，拆检工时。

3) 拆检工时

有时为了维修已损坏的零部件，需要拆卸检查与之相邻的未损坏零件。修好以后，需要重新将零件装上，这种作业称为拆检。

拆检工时还包括零部件或总成的校准和调整，不包括被拆卸和安装零件的相邻零部件的维修和校准时间，也不包括特殊作业或无需拆卸和安装的零件。图10-16所示为拆检车门的情景。

4. 涂装工时

当金属板件损坏和板件表面损坏的维修工作完成后，就需要进行新漆面喷涂工作，所花工时称为涂装工时。

当对漆面整修工序的劳动工时和材料成本进行估算时，估算值和调整值应该与实际作业工序、车辆喷漆所用工具和材料费用相符合。图10-17所示为喷涂作业时的情景。

项目十 汽车修理工时的确定

图 10-16 拆检车门的情景

图 10-17 车身喷涂作业情景

喷漆工时计算。喷漆工时来源包括：一是部分进口车型配有专业估损手册，规定了新更换件的喷涂工时、维修过零件的喷涂工时等；二是查找该车型主机厂的《工时手册》或《零件手册》，一般也规定了各个主要板件或部件的喷漆工时；三是各地维修管理部门规定或推荐的工时，表10-4为某省于2006年1月1日开始实施的汽车车身烤漆项目工时定额。

汽车车身烤漆项目工时　　　　　表10-4

漆面类型	单　位	外覆件	内构件（涂胶、涂漆）(h)	
			承载式车身	非承载式车身
单层漆（面漆、素色漆）	m²	3	1.5	1
双层漆（底漆/清漆、金属漆类）	m²	4	2	1.5
三层漆（底层/中间层/清漆、珍珠漆类）	m²	5	2	1.5

注意：

1. 原子灰处理面积占烤漆漆面积40%的事故车，单位工时可上浮30%。

2. 三厢类轿车的发动机罩、行李舱盖、车顶部位做漆，单位工时可上浮20%。

3. 在柔性塑料上烤漆，可增加5%~10%的费用。

汽车烤漆通常是在烤漆房内进行，图10-18所示为车身修补后的烤漆与烤漆房。

按喷漆工时计算涂装费是用喷漆工时乘以预先设定的每工时耗漆费用。例如，如果预先确定的每工时耗漆费用为200元，车门的喷漆工时为3h，则喷涂车门的涂装费就是600元。每工时耗漆费用通常是维修站根据当地的漆料价格增加一些利润后预先设定的。

图 10-18 车身修补后的烤漆与烤漆房

四、课后思考

1. 汽车碰撞损伤维修与更换的原则是什么？
2. 什么是修复工时？什么是换件工时？什么是拆检工时？什么是涂装工时？

课题三 计算机估损软件简介

随着计算机应用技术的深入发展,汽车碰撞估损使用计算机辅助进行是大势所趋。计算机估损系统由基本数据库和程序两部分组成。数据库中主要包含车型、配件价格和工时数据,数据结构与《碰撞估损指南》手册相同。程序是对数据库进行操作,实现数据查询、修改、增加、删除、制表、管理等多种功能。

计算机估损系统在保险公司、公估公司和事故车维修企业的应用越来越普及,作为一名机动车估损员,必须了解和掌握计算机估损的知识。

一、计算机估损系统简介

1. 计算机估损的发展过程

世界上最早的自动估损系统是由美国 Automatic Data Processing(ADP)公司于 20 世纪 70 年代末开发的 Audatex 系统,该系统从 1980 年开始在美国和加拿大推广使用。现在,美国有 ADP、CCC 和 Mitchell(米切尔国际公司)等 3 大估损系统提供商。

随着近年来我国汽车工业的发展和进口车数量的增多,保险估损业务中涉及的汽车制造厂家和车型种类激增。同时,高强度薄钢板等新型材料广泛用于承载式车身,使车身零件的种类和数量大增,导致车身钣金件、车身涂料和辅料、汽车机械和电子器件等零部件的种类越来越庞杂。在估损中,还要处理经常变动的零件价格、大量换件和维修工时数据,以及重叠工时的计算等,以致传统的人工定损已无法满足业务需要,迫切需要引入计算机估损理赔系统。

我国的整车及配件市场情况复杂,国外估损系统并不完全适合中国的车损业务发展。所以中国的保险公司比如人寿保险公司、太平洋保险公司等,均使用了本地化的汽车碰撞估损软件,例如北京精友时代信息技术发展有限公司自主开发的计算机定损理赔系统、北京中车检信息技术公司研发的计算机定损理赔系统(PEDS 系统)。这些系统从目前国内保险业较混乱的车险入手,以理赔作为突破口,通过理赔标准化实现事故车辆维修规范化,最终达到车辆承保、理赔、维修等全程业务的标准化和规范化。

2. 计算机估损的意义

基于互联网的估损系统可以使得在不同地区的定损人员使用统一的定损标准,降低了理赔的风险,提高了保险定损的准确性和统一性。估损系统为车辆保险的承保和理赔提供了统一的标准,使保险公司在确定承保价值和审核赔付金额时有据可查,有法可依,为有效代查勘、代定损的工作奠定了坚实的基础,从而最大限度地发挥了保险公司机构网络的优势。

估损系统为保险公司和汽车维修企业搭建起了互动交流平台,汽车碰撞发生的定损单可直接传送到指定维修厂,维修任务完成即可在网上办理相关的理赔手续。利用计算机估损,优化了碰撞车辆定损理赔流程,提高了工作效率。

估损系统采用了先进的技术手段,提高了定损的科学性和准确性,从而有效地保证了保险双方的合法利益,减少了因定损人员能力不足而导致的不必要的损失,对车辆保险的健康发展有着重要的意义。

3. 计算机定损理赔系统简介

北京精友时代信息技术发展有限公司自主开发的计算机定损理赔系统不仅适用于汽车保险行业,也可为事故汽车第三方(社会公估机构)认定及车辆损失的评估、保险风险的分析提供科学、合理的依据。系统包括了目前市场上常见的国产车型,也包括绝大多数在国内能见到的欧美等进口车型。

结合现代汽车结构和碰撞力学原理,计算机定损理赔系统数据按照碰撞部位、碰撞程度进行划分,多种形式的配件分类使客户配件信息查询更快捷、更高效。系统操作符合中国事故车辆维修的要求,配件的选取与定型信息完全一致,配件价格具有厂家指导价、市场价等多种价格形式。根据汽配市场的变化特点,系统定期增加新款车型和更新已有车型的配件数据,保持与市场的同步。

下面以北京精友时代信息技术发展有限公司的产品为例,简要介绍计算机估损系统的功能。

估损系统基本由数据库和程序两部分组成。数据库中主要包含车型、配件价格和工时数据,数据结构与《碰撞估损指南》手册相同。程序对数据库进行操作,实现数据查询、修改、增加、删除、制表、管理等多种功能。

二、估损理赔系统的估损功能

1. 车辆的定型

中国目前有汽车生产厂和改装厂近千家,车型近10万个,导致我国的车型十分复杂,而准确确定车型是车险承保和理赔业务的基础。定损理赔系统是在分析和归纳出同一种车型上述变化的基础上,将整车生产厂家出厂的年份、月份和特殊识别代码(VIN码等)进行区分,设计出更简便、更灵活的定型方式。

(1)通过VIN码解码方式确定车型的配置,对于每一个定损人员来说,可能对几种国产车型或进口车型比较熟悉,但不可能对所有车型都了解,他可以确定出车辆的品牌、车身形式和发动机排量,但不可能确定出详细的配置信息。目前所有车型都具有VIN码,该代码就如同车辆身份证一样,通过解码可以准确解出车辆生产的年款(有的车型可以到月)、内饰等级、发动机和变速器的型号、车身形式,有的还可以解出车型适用地区(如拉美地区或海湾地区)。由于现阶段中国保有的车型十分复杂,各种款式的车型以及适用于各个地区的车型都可能存在,因此只凭经验是很难准确定型的。就此,借助于定损理赔系统中建立的VIN码解码方式,使车辆定型工作更准确更高效。

(2)通过车辆所属年代、车身、发动机、变速器类型完成车辆定型,车辆定型的目的是为了准确地筛选只属于该车型的零件。虽然每个汽车制造厂的零部件资料的组织形式不同,但通过总结和分析,可以发现每一个零部件都具有相同的属性,即零件所属年代、车身、动力总成(发动机和变速器)等。因此,在定损工作中,必须首先正确而完整地确定车型及其配置,反之定型不准确则会给理赔工作带来问题。比如年代信息,一些进口车型在不同年款内一直使用相同零部件,例如,丰田霸道在2002~2008年,零件基本上通用,而2009年其车型变化较大(可能在外观、内饰、机械结构、局部尺寸上),大多数旧款的零件已经不能使用,如果没有准确地区分年款而购买了旧年款的零件,一方面可能由于尺寸问题安装不合适,另一方面即使勉强安装上,却不一定能够达到新款车型所要求的性能。其他配置信息(车身形式、动力总成)的错误,同样会导致类似的结果。因此,只有对车辆上的每个零部件准确定型,方能满足定损理赔的基本要求。

通过年代、车身类型相关信息定型页面在定损系统中使用的车型又称为理赔车型,是指与车身形式、发动机排量、变速器类型相关,而不与车辆配置等级相关的车型,对于国产车型可以使用车辆型号进行检索,理赔车型在定损系统中与承保车型进行了相关的对应,定损人员只需要进行相关的核实就可以使用。

2. 零部件的选取

对于任意一辆汽车,车辆上的零件上万个,如果简单地将这些零件罗列出来,用户很难查询。对于保险行业来说,事故车辆大多只是外观件、少量的机械件和部分电控组件发生损坏,因此合理准确地筛选出需要的零件是一个关键问题。估损软件公司通过调查和分析我国汽车生产、维修、零部件销售和保险业务的实际情况,制订出了适用于我国保险行业定损理赔所涉及的主要零部件的范围和筛选原则,所采用的数据模板精简了零件的数量,可以缩短定损选取零件所需的时间。

统计分析保险公司近几年来的车辆配件更换频次,定损理赔系统从用户配件数据使用频次出发,设计了"系统点选"和"标准点选"两种配件选取方式。

(1)配件的系统点选系统点选,对定损理赔过程中经常用到的配件作了配件编号、价格、备注等数据信息维护,可支持用户在系统内直接使用数据信息的点选方式。

系统配件的选择有多种方式:

①通过配件的分类列表来选择。汽车制造厂商所提供的备件系统一般是按照功能排列,主要分为发动机和变速器、车身、底盘和电器这几个主要功能组,配件总成、分总成按照其功能特点分配到不同的大组。具体配件的选择在总成、分总成的配件列表中完成。为保证配件选择的准确性,可辅以配件图形参考。

②具体配件名称或配件编号选择配件。在配件系统操作界面,可以直接输入配件名称或者配件编号选择需要的配件。

③系统设计的关键字检索完成配件选取。系统支持关键字检索功能,例如,选择关键字"杠",此车型的配件名称中带"杠"字的所有配件列表即显示出来。

(2)配件的标准点选。标准点选,当配件数据使用频次较低,系统没有提供相应的配件数据信息,用户可以自定义完成相关工作,但为了避免同一配件自定义多个不同名称的情况,系统设计了统一的、标准的配件名称,以支持用户自定义配件名称的规范化、统一化。

定损理赔软件考虑到了重要的细节信息,诸如零件喷漆及选装设备附加工时的费用。估损软件可以指导完成估损程序,利用它可以很快地向顾客提交一份整洁、专业的估损单。

由估损软件处理复杂的计算和程序,这样可以减少对估损过程的补充和增加的步骤。消除手写估损单中可能出现的计算和逻辑错误。

计算机估损系统在计算机中储存了碰撞估损指南的信息。节省了查找零件和工时信息以及手工输入并在表格上累加的时间。计算机估损系统仍然保留了手工修改估损单的功能。

三、估损理赔系统的数据维护功能

汽车厂家为提高竞争力不断推出新的车系和新的车型,新增的车系数据要添加,新增的车型信息要补充。如若零配件的数据信息,如果价格信息不能及时更新,会使零配件价格过低或过高,或者影响了保险公司的效益,或者影响保户的利益。及时地维护和升级汽车市场动态变化的信息,对于准确估损意义重大。

四、Audatex 系统简介

Audatex 是基于 Java 并真正实现网络化的新一代定损工具。系统的另外一大亮点是完全图形化定损,定损员只需在屏幕上点出受损车辆的部位和所需的维修方式,例如零件更新或修理,十几分钟后,一份详尽的定损估价报告就完成了。其中涉及到的零部件价格,工时费率以及油漆费率,都将由系统自动生成,无需定损员人工查找,大大节省了定损人员的时间和精力。相比于目前小定损需 1~2 天、大定损需 10~15 天的现状,应用 Audatex 可以明显地提高定损人员的工作效率,减少人为错误,从而可以为保险公司节省大量的人力和物力,减少人为错误带来的损失,降低公司的经营成本。Audatex 系统的图形界面示意图如图 10-19 所示。

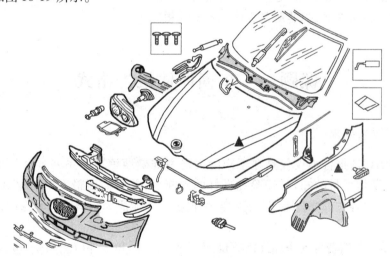

图 10-19　Audatex 系统的图形界面示意

Audatex 的图形定损工具操作方便,只需对定损员进行简单培训,就可以熟练掌握,不会影响其正常的工作流程。

五、教学思考与练习

1. 找来一张碰撞事故车辆的定损单与当地汽车维修企业工时定额标准,按照事故车辆定损单上的项目,人工估算事故车辆修复工时,并与企业实际结算工时相对照,检查估算过程与结果,并说明出现差异的原因。有条件的,到企业实际观察定损与维修过程。

2. 根据定损单,在计算机上用估损软件进行工时定额的估算。如果学校无此条件,可联系能运用计算机估损的维修企业,组织学生到企业观摩学习。

项目十一　车辆损失评估报告的撰写

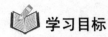 学习目标

完成本项目学习后，你应能：
1. 知道车损评估报告格式；
2. 知道车损评估报告撰写的基本要素；
3. 正确撰写车损评估报告。

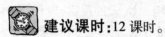 建议课时：12课时。

当车辆损伤鉴定、核查完成之后，需要列出具体的损伤零件清单和所需的维修工时，并填写车辆损伤评估报告，这是维修工艺制订和维修费用结算的原始依据。车损评估报告（表）格式虽然有多种，但其所包含的基本要素相同。

课题一　车损评估报告格式

一、评估报告要求

一份好的评估报告不仅仅是在干净的表格中准确地填写一系列零件价格和工时费用，而是融入了估损员的知识、经验和良好的判断力；并且需要最新的价格和工时数据。估损报告必须对各方都要公平，只有这样，估损报告才能成为车辆维修和保险理赔的有效工具。

（1）必须保证消费者安全和维修质量，所有必需操作和零件应当列全，包括拉直、校正和调整等。

（2）必须保证维修企业获得公平合理的报酬。

（3）必须保证消费者个人的经济付出是合理的。在确保安全和质量的前提下开始罗列受损部件和所需工时之前，估损员必需收集事故车的关键信息，并且要完成几项重要的检查工作。

二、评估报告格式与关键数据

汽车维修厂所使用估损表格主要是许多关键数据项，如车主信息、车辆信息和保险索赔信息等。

项目十一　车辆损失评估报告的撰写

事故现场查勘记录表　　　　　　　　　　　　　　　　　　　　　　　表 11-1

出事时间：		出事地点：		案件性质：□自赔 □不赔 □外代	
查勘时间：		查勘地点：		是否第一现场：□是　　□否	
车辆信息	厂牌型号：	发动机号：		车身漆色：	
	号牌型号：	车架号(VIN)：		初次登记日期：	
	驾驶人姓名：	驾驶证号：		准驾车型：	
	领证日期：	性别：□男　　□女		联系方式：	
车辆概况	车辆类别：	车辆类型：		使用燃料：□汽油　　□柴油	
	使用性质：□营运　　□非营运	行驶里程：		车辆属性：□私车　　□公车	
	出事前技术状况：	是否出过事故：		是否大修过：	
	出厂日期：	成新率：□新车　　□旧车		主要配置：	
事故原因					
损失情况					
损失估计					

出事故人签字：　　　　　　　查勘人签字：　　　　　　　年　月　日

汽车车身碰撞估损 Qiche Cheshen Pengzhuang Gusun

机动车辆碰撞损失情况确认书

表 11-2

厂牌型号：	车牌号：
发动机号：	车架号：
发动机型号：	变速器类型：
送修时间：	修复竣工时间：

损失情况概述：

	序号	零部件部件	数量名称	工时费	报价	附加说明
零件更换项目清单	1					
	2					
	3					
	4					
	5					
	6					
	7					

	序号	维修项目名称	工时	工时费	备 注
维修项目清单	1				
	2				
	3				
	4				
	5				
	6				
	7				
	8				

维修费总计金额:(大写) 　　　　　　　　　　　　　　　　　　　　　　小写：

残值作价金额:(大写) 　　　　　　　　　　　　　　　　　　　　　　小写：

定损员签字： 　　　　　　　　　　　　　　　　　　　　　　　　　日期：

机动车辆碰撞损失情况确认书零部件更换项目清单　　　　表11-3

厂牌型号			发动机号			
车架号			车牌号			
序号	零部件		配件编号	数量	工时费	估计价格	备注
	部位	名称					
1							
2							
3							
4							
5							
6							
小计							

定损员签字：　　　　　　　　　　　　　　　　　　　　　　　　　　　日期：

机动车辆损失情况确认书维修项目清单　　　　表11-4

厂牌型号		发动机号		
车架号		车牌号		
序号	维修项目名称	工　时	工时费	材料费	备　注
1					
2					
3					
4					
5					
6					
小计					

定损员签字：　　　　　　　　　　　　　　　　　　　　　　　　　　　日期：

1. 姓名、地址和电话号码

这些基本信息很关键，估损员应给予足够重视。这些信息可以让汽车维修厂知道客户是谁，他住在哪里，有需要时如何联系他。

2. VIN码

我国的法规要求所有1998年以后上路的车辆必需标注VIN码。2004年这个标准经过修订之后变成强制性标准。VIN码是一个由17位字符组成的编码，通过它可以了解到车辆的一些重要配置信息，因此，VIN码对车辆维修和保险理赔很重要。

专业估损手册和维修手册中，一般都给出了适用本手册的车辆VIN码范围及其解释。VIN码一般在前风窗玻璃的左下方，透过玻璃可以看到。

3. 识别油漆系统和油漆代码

确定车辆所用的油漆系统并找到其油漆代码非常重要。注明事故车使用的是金属漆、两级漆(底漆/清漆)还是三级漆(底漆/云母中间漆/清漆)。快速鉴定漆面是否有清漆层的简单方法是：轻轻打磨损坏的漆面，如果砂纸上有白色粉末，说明有清漆层；如果砂纸染上车漆颜色，说明是单级漆，没有清漆层。油漆代码的主要作用是：在进行局部或面板维修时，用它来确定维修用的油漆颜色与车辆原漆颜色精确匹配。

油漆代码一般标注在车辆维修识别标签上，维修识别标签没有标准化，各个汽车厂家可能不太一样。估损指南中一般也会给出相关车型的油漆代码位置，并说明是否具有清漆层。

4. 车牌照和里程数

记录车辆的牌照号和车辆里程数。二手车的车辆价值是以平均里程数为基础的，特别高或特别低的里程数会使车辆的 ACV 值降低或增高。

5. 车损评估报告常见格式

各国、各地区车损评估报告表的格式各不相同，其名称也有很大差异。下面介绍常见的车辆评估报告格式与名称。

如表 11-1 事故现场查勘记录表、表 11-2 机动车辆碰撞损失情况确认书、表 11-3 机动车辆碰撞损失情况确认书零部件更换项目清单、表 11-4 机动车辆损失情况确认书维修项目清单。

车损定损工作是一项复杂而细致的工作，车辆损失评估报告的填写，是定损过程最后一项也是很重要的一项工作。

事故车辆损失评估报告的填写内容，主要包括事故车辆信息核对、零部件更换项目确定、维修工时费的确定和漆辅料、残值等。

课题二　车辆损失评估报告(表)的填写

一、事故前的损坏

彻底检查车辆的内部和外部，看是否有与本事故无关的事前损坏，如：老的刮痕和凹坑；锈迹、腐蚀、漆面剥落或开裂；保险杠、挡泥板等塑料件或橡胶件的开裂或凹陷；座椅或内饰上的裂缝；座椅、地毯和内饰上的斑点或损伤；玻璃或后视镜的破裂；轮罩或嵌条的损失或缺失；车罩开裂、灯泡破裂或烧损；选装件的损坏，如空调和加热装置、后窗除霜装置等。

确认是事故前的损坏之后，将它们一一记录在估损报告或理赔单上，需要注意的是，一定要将这些情况告诉客户，以减少客户可能的抱怨。

客户可能会抱怨：

(1) 维修厂没有把问题完全修好。

(2) 维修厂在维修过程中损坏了他的车辆。

有时很难判断某些损伤是由本次事故引起的还是以前就有的，尤其这些损伤在车辆的同一部位时。如果锈迹和脏污已经渗到裸金属内，说明是老的损伤。如果刚刚暴露出来的塑料件或橡胶件上有一些旧的或不鲜亮的痕迹，说明以前受到过损伤。如果有两处损伤，但它们之间有一大块未损伤的面板相隔，这种情况也要注意。例如：一辆车的前保险杠上有碰损,车门上没有损伤,但后侧板上有划痕,这两处损伤可能不是一次事故引起的。发动机罩或行李舱盖上的一些小凹陷可能是关闭时用力过猛造成的,看看这些凹陷的位置是否与关闭发动机罩或行李舱盖时手用力的位置相吻合。

如果空调或暖风系统损坏,要看是否有被碰撞的新痕迹。对于老车型,这些零部件有可能在事故之前就因为磨损而损坏。

二、分析数据

在完成前期信息收集和查勘之后,估损员就可以在估损单中填写各个零部件和工时信息了。很多有经验的估损员在前期查勘时会用铅笔在纸上做一些记录,这样就可以在第一次填写估损单时尽量填写完全。对于一些不太严重的事故,很容易在第一时间写出完整而精确的估损单,所以可能不需要在查勘时做记录。而对于一些比较大的事故,在查勘时做一些记录对于精确有序的估损和后续的复查是很有利的。如果事故很大,还可以借助一些现代工具做记录,如MP3、录音笔或小型录音机等,然后在估损时再重放出来或输入计算机估损系统。如果车型熟悉,而且事故不大,有经验的估损员在查勘时可能不需要参看专业估损手册或《零件手册》。他们可以根据事故情况确定受损零件并按逻辑顺序记忆下来。在完成查勘回到办公室后,他们再坐下来一边参照专业估损手册或《零件手册》,一边填写零件号、价格、工时和喷漆时间。

1. 提前做好准备

在开始估损之前一定要将做事故查勘和估损报告需要的工具、表格、《估损指南》等都准备好。这样可以避免在估损过程中因缺少工具而不得不中途停止工作。中途停止估损容易造成混乱、漏项和重复等错误。

2. 遵循逻辑顺序

在查勘事故损伤情况和估损时一定要遵循合理的逻辑顺序,可以按照下面5个基本区域进行。

(1)直接碰撞区,主要的损坏都集中在这里。

(2)二次碰撞区,可能出现一些损伤。

(3)机械损坏,包括动力传动系统和附件。

(4)乘员室,包括乘员室、内饰、灯、附件、控制件和车漆等的损伤。

(5)外部件和外饰的损伤。

先从直接碰撞点开始,从外到里仔细查看,列出所有受影响的部件。然后按照碰撞力在车身上的传递路线依次查看。对于最常见的前部碰撞,一般是从车辆的前部一直查到后部。在大脑中将车辆分为几大组件,然后从外到内查看逐个组件,列出受损的零件。

例如,一辆汽车的左前角发生碰撞,这样的碰撞一般会对以下几个组件产生影响(按从前到后的顺序):前保险杠、格栅、左前照灯、散热器、发动机罩和左前翼子板。从前部开始,按顺序检查各个组件,按从外到内的顺序列出各个受损的零件。例如,左前翼子板损坏可能需要更换以下零件:翼子板、减振柱支座、减振塔、后延伸件、挡泥板和裙板,安装在翼子板上的饰条、灯等零件也可能要更换。

为了让估损员更好地遵循从前到后、从外到内的顺序,专业估损手册也按照这个顺序罗列零件和工时。一般的估损手册都将前保险杠列为每种车型的第一个主要组件,然后往后依次列出各个主要组件,直到后保险杠。各种估损手册对零件的分解方式和对组件的罗列顺序可能稍有不同,但都遵循从前到后,从外到内的逻辑顺序。

估损手册中常见的前保险杠组件的分解图,可以清楚地看出所有零件都是从外到内排列的。按照这个顺序,估损员就可以做出更准确的估损报告,查询零件价格、零件号和工时数据时更方便。

三、填写估损报告

估损单中的每一行应填写一个操作或工序,不要用一句笼统的话囊括多项操作,如"维修前端损坏",也不能只列出受损的零件而不加说明。

要填写操作:每行的开始都应当填写一项操作,如"维修"、"更换"、"拉直"、"喷漆"、"大修"等,这样就可以让客户、维修工、核赔员等相关人士明白需要对车辆做哪些工作。

避免使用缩写词:尽量避免使用缩写词,除非在估损单上有解释。例如,"更换后保险杠"不要简化为"换后杠",以免引起不必要的麻烦。而且写得越具体越好,还要注意写清楚"左侧"和"右侧",如"更换右侧后侧板"。使用重复符号可节省一些时间,但不能用得太多,否则容易造成混淆。

1. 书写要整洁

干净整洁的估损单不但便于理解和操作,而且还会给客户、核赔员留下深刻的印象,让人感觉到出具这份估损单的估损员、保险公司或维修厂很专业,提高了可信度。相反,邋遢或笔迹潦草的估损单则给人感觉估损员很不负责任或很不专业,可能会使客户反感或不满意。字迹不清的数字还可能会导致估算错误。另外,不要指望核赔员、客户或维修工在核保或维修过程中看出错误,他们没有这个职责。每个估损员必须对自己填写的估损单负责。

2. 记录所有必需的数据

在每条简明的叙述之后,填上本操作中所需的所有配件价格和工时。估损单中所列的零件名称应与《估损手册》和《零件手册》中的一致,因为在手工估损单中一般不填零件号,所以正确、完整的零件名称填写是必须的。

3. 操作和喷漆工时

精确记录每项操作所需的工时。记住:《估损手册》中所列的工时只包含特定的操作。对于那些手册中没有给出的步骤和操作,如果对事故车的维修是必需的,就应当在估损单中单独列出,如清除碎玻璃、安装焊接的铰链、前照灯调整等。每个工时所包含的具体操作内容请参照相应的专业估损手册。另外,还要注意查看工时前面的脚注,这些脚注也可能注明了哪些额外操作不包含在这个工时内。如果在估损时没有注意到脚注,那么这些没有包含的操作可能就会遗漏掉,其结果是估损价格偏低,客户、维修人员和维修厂可能都不满意。

如果维修工作涉及相邻的板件或相关的部件,就要考虑重叠工时。例如,对于清漆和三级漆,要根据这些油漆系统的重叠工时计算指南扣减重叠工时。如果需要对相邻的板件进行颜色调和,则需增加必要的工时。

4. 材料费用

漆料和辅料的费用要单独列出,辅料明细要填写清楚。

5. 拉伸工时

拉伸工时要按零件或问题——填写,包括拉伸和设备安置工时。不能把所有的拉伸和设备安置工时加在一起,然后只在估损单中填写一个工时。

6. 外包操作

对于维修厂的估损人员,应当确认哪些维修操作将要外包给别人。越来越多的大型维修厂自己能够完成四轮定位、防锈、换胎等操作,但一些小维修厂往往要把这类工作外包给专业的维修厂。外包的工作由维修厂与承接单位进行结算,工时费率一般比本厂低一点,所以有一点利润空间。对于有外包的情况,要在估损单的"外包"一栏中注明,工时费率按照本厂费率计算。如果外包工作的最终费用尚不清楚,则可以先空在那里。

特别提示:

如果估损人员对维修过程与操作有要求,这称作"特别提示";应当在单独的一行中清楚地写明。特别提示的内容多种多样,例如:提示可能存在的隐蔽损坏、拆解提示、切割的细节提示等。对于切割维修,保险公司、维修厂、客户等所有相关方都应当清楚这种维修是如何进行的。

如果客户提出了一些在保险范围以外的维修要求,如维修事故前已经存在的车辆问题,估损员应当在估损单的相应维修项目中注明"客户要求"字样。原则上,客户要求的维修项目不在保险公司的理赔范围内,因此不能计入最终的理赔费用中。

四、汇总工时和零件费用

通常,钣金、拉伸、机修和喷漆的工时费率是不同的,因此在汇总工时费时一定要注意使用正确的费率。先将每种维修的工时相加,然后再乘以这种维修操作的费率。

例如,如果钣金的工时是10h,费率是200元/h,那么钣金工时费就是2000元;如果机修的工时是5h,费率是150元/h,那么机修工时费就是750元。如果没有其他维修,那么总的工时费用就是2750元。将所有的零件价格相加,就得出零件费用。还有就是附加费用,包括拖车费、车辆存放费、各种税费等。

五、复核估损报告

在完成报告并汇总完数据后,要仔细检查一遍,然后再与客户一起复核一遍。从头到尾逐条审核,并向客户解释每一条,操作内容是什么,如何操作,为什么要用这些零件和维修方法,让客户清楚这样做对他的车辆最有利。

六、案例分析

案例:2011年10月25日10时25分张三驾驶车川AP×××在成都市温江区玉石路行驶,由于操作不慎与大树相撞。下面我们来撰写该车损失修复评估报告。见表11-5 车川AP×××事故现场查勘记录、表11-6 车川AP×××机动车辆碰撞损失情况确认书、表11-7 车川AP×××机动车辆碰撞损失情况确认书零部件更换项目清单、表

11-8 车川 AP××××机动车辆损失情况确认书修理项目清单。

车川 AP×××× 事故现场查勘记录　　　　　表11-5

出事时间:2011.10.25		出事地点:四川省成都市温江区		案件性质:☑自赔□不赔□外代	
查勘时间:2011.10.25.		查勘地点:成都市温江区万春老温玉路		是否第一现场:☑是　□否	
车辆信息	厂牌型号:北京现代 BH7162MX 轿车		发动机号:AB××××		车身漆色:黑色
	号牌型号:小型汽车		车架号(VIN):LBEXDAEB×××		初次登记日期2010.06.22
	驾驶人姓名:张三		驾驶证号:5138×××		准驾车型:C1
	出领证日期:2005.11.20 .		性别:□男　☑女		联系方式:139××××××××
车辆概况	车辆类别:家庭自用		车辆类型:轿车		使用燃料:☑汽油　□柴油
	使用性质:□营运 ☑非营运		行驶里程 50400		车辆属性:☑私车　□公车
	出事前技术状况:良好		是否出过事故:是		是否大修过:否
	出厂日期:2009.09.09		成新率:□新车☑旧车		主要配置:
事故原因	2011年10月25日10时25分张三驾驶该车川AP××××在成都市温江区玉石路行驶,由于操作不慎与大树相撞。				
损失情况	该车川AP××××前部受损				
损失估计	预估损失金额2500元。				

出事故人签字:张三　　　　查勘人签字:李二　　　　年　　月　　日

项目十一 车辆损失评估报告的撰写

车川AP×××× 机动车辆碰撞损失情况确认书　　　　　　　　　　表11-6

厂牌型号:北京现代BH7162MX轿车		车牌号:川AP××××			
发动机号:AB××××		车架号:LBEXDAED××××			
发动机型号:		变速器类型:自动			
送修时间:2011.10.25		修复竣工时间:2011.10.30			
损失情况概述:	标的车川AP××××前部受损				

	序号	零部件部件	数量名称	工时费	报价	附加说明
零件更换项目清单	1	右前	右前照灯	1	20	610
	2	右前	右前保险杠灯	1	10	110
	3	喷水壶电动机总成		1	20	120
	4	前保险杠涂冲棉		1	10	80
	5					
	6					
	7					

	序号	维修项目名称	工时	工时费	备注
维修项目清单	1	右前翼子板	3	360	钣金、喷涂
	2	发动机罩	5	500	钣金、喷涂
	3	前保险杠	0.5	200	塑修、喷涂
	4				
	5				
	6				
	7				
	8				

维修费总计金额:(大写)　　　　　　　　　　　　　　　　　小写:

残值作价金额:(大写)　　　　　　　　　　　　　　　　　　小写:

定损员签字:李四　　　　　　　　　　　　　　　　日期:2011.10.30

车川AP××××机动车辆碰撞损失情况确认书零部件更换项目清单　　表11-7

厂牌型号	北京现代BH7162M轿车		发动机号		AB×××××××	
车架号	LBEXDAEB×××××		车牌号		川AP××××	
序号	零部件		配件编号	数量	工时费	估计价格	备注
	部位	名称					
1	右前	右前照灯		1	20	610	
2	右前	右前保险杠灯		1	10	110	
3	发动机舱	喷水壶电动机总成		1	20	120	
4	正前	前保险杠涂冲棉		1	10	80	
5							
小计					60	920	

定损员签字:李一　　　　　　　　　　　　　　　　日期:2011.11.01

车川AP××××机动车辆损失情况确认书修理项目清单　　表11-8

厂牌型号	北京现代BH7162M轿车	发动机号	AB×××××××
车架号	LBEXDAEB×××××	车牌号	川AP××××
序号	修理项目名称	工时	工时费	材料费	备注
1	右前翼子板	3	360		钣金、喷漆
2	发动机罩	2	500		钣金、喷漆
3	前保险杠	0.5	200		塑修、喷涂
小计			1060		

定损员签字:李一　　　　　　　　　　　　　　　　日期:2011.11.01

七、教学互动

(1)到维修企业去,根据某车的碰撞事故,观察现场车损情况,观察专业评估人员的工作流程。如有可能,学生可参与损伤检查与测量。亦可由教师现场录制损伤检查与测量过程,再让学生观看视频资料。

(2)根据该车的损伤情况,撰写该车损失修复评估报告(或填写《车辆损失评估表》、《车辆损失情况确认书》、《车辆维修项目清单》)。

(3)多媒体显示该车的实际评估报告,学生对照该报告检查自己所写的评估报告并对错漏部分作修改;并根据对照结果,写出自己的实习心得体会。

参 考 文 献

[1] 白建伟. 汽车碰撞分析与估损[M]. 北京:机械工业出版社,2010.
[2] 贾途钧. 汽车碰撞估损与修复[M]. 大连:大连理工大学出版社,2007.
[3] 顾平林. 汽车碰撞钣金修复技巧与实例[M]. 北京:机械工业出版社,2010.
[4] 周贺. 汽车钣金与喷漆[M]. 北京:北京理工大学出版社,2010.
[5] 刘仲国. 二手车交易与评估[M]. 北京:机械工业出版社,2008.
[6] 顾建国. 汽车钣金维修技师培训教材[M]. 北京:人民交通出版社,2003.
[7] 何宝文,王海宝. 汽车评估[M]. 北京:人民交通出版社,2010.